A ARTE DO
DESAPEGO

Cezar Honório

A ARTE DO DESAPEGO

A vida, as lições e as superações de Humberto Carneiro, um empresário do Brasil Central

ALTA BOOKS
E D I T O R A
Rio de Janeiro, 2022

A Arte do Desapego

Copyright © 2022 da Starlin Alta Editora e Consultoria Eireli.
ISBN: 978-65-5520-959-4

Impresso no Brasil — 1ª Edição, 2022 — Edição revisada conforme o Acordo Ortográfico da Língua Portuguesa de 2009.

Todos os direitos estão reservados e protegidos por Lei. Nenhuma parte deste livro, sem autorização prévia por escrito da editora, poderá ser reproduzida ou transmitida. A violação dos Direitos Autorais é crime estabelecido na Lei nº 9.610/98 e com punição de acordo com o artigo 184 do Código Penal.

A editora não se responsabiliza pelo conteúdo da obra, formulada exclusivamente pelo(s) autor(es).

Marcas Registradas: Todos os termos mencionados e reconhecidos como Marca Registrada e/ou Comercial são de responsabilidade de seus proprietários. A editora informa não estar associada a nenhum produto e/ou fornecedor apresentado no livro.

Erratas e arquivos de apoio: No site da editora relatamos, com a devida correção, qualquer erro encontrado em nossos livros, bem como disponibilizamos arquivos de apoio se aplicáveis à obra em questão.
Acesse o site www.altabooks.com.br e procure pelo título do livro desejado para ter acesso às erratas, aos arquivos de apoio e/ou a outros conteúdos aplicáveis à obra.

Suporte Técnico: A obra é comercializada na forma em que está, sem direito a suporte técnico ou orientação pessoal/exclusiva ao leitor.

A editora não se responsabiliza pela manutenção, atualização e idioma dos sites referidos pelos autores nesta obra.

Dados Internacionais de Catalogação na Publicação (CIP) de acordo com ISBD

H774a   Honório, Cezar

A Arte do Desapego: a vida, as lições e as superações de Humberto Carneiro, um empresário do Brasil Central / Cezar Honório. – Rio de Janeiro : Alta Books, 2022.
288 p. ; 16m x 23cm.

Inclui bibliografia e apêndice.
ISBN: 978-65-5520-959-4

1. Biografia. 2. Humberto Carneiro. 3. Brasil Central. I. Título.

2022-1252   CDD 920
                 CDU 929

Elaborado por Vagner Rodolfo da Silva - CRB-8/9410

Índice para catálogo sistemático:
1. Biografia 920
2. Biografia 929

Produção Editorial
Editora Alta Books

Diretor Editorial
Anderson Vieira
anderson.vieira@altabooks.com.br

Editor
José Ruggeri
j.ruggeri@altabooks.com.br

Gerência Comercial
Claudio Lima
claudio@altabooks.com.br

Gerência Marketing
Andrea Guatiello
andrea@altabooks.com.br

Coordenação Comercial
Thiago Biaggi

Coordenação de Eventos
Viviane Paiva
comercial@altabooks.com.br

Coordenação ADM/Finc.
Solange Souza

Direitos Autorais
Raquel Porto
rights@altabooks.com.br

Assistente Editorial
Gabriela Paiva

Produtores Editoriais
Illysabelle Trajano
Maria de Lourdes Borges
Paulo Gomes
Thales Silva
Thiê Alves

Equipe Comercial
Adriana Baricelli
Ana Carolina Marinho
Daiana Costa
Fillipe Amorim
Heber Garcia
Kaique Luiz
Maira Conceição

Equipe Editorial
Beatriz de Assis
Betânia Santos
Brenda Rodrigues
Caroline David
Henrique Waldez
Kelry Oliveira
Marcelli Ferreira
Mariana Portugal
Matheus Mello

Marketing Editorial
Jessica Nogueira
Livia Carvalho
Marcelo Santos
Pedro Guimarães
Thiago Brito

Atuaram na edição desta obra:

Revisão Gramatical
Carlos Bacci

Diagramação
Rita Mota

Editora afiliada à:

ALTA BOOKS
EDITORA

Rua Viúva Cláudio, 291 – Bairro Industrial do Jacaré
CEP: 20.970-031 – Rio de Janeiro (RJ)
Tels.: (21) 3278-8069 / 3278-8419
www.altabooks.com.br – altabooks@altabooks.com.br
Ouvidoria: ouvidoria@altabooks.com.br

À minha esposa e companheira de uma vida, Ana Flávia. Amor, amizade e suporte renovados a cada ano em que decidimos continuar seguindo juntos. Aos meus filhos, Maiana e João Pedro, porque, ao fim e ao cabo, a família é sempre a nossa grande obra. Aos meus pais, Gerson e Maria, por serem a base para tudo o que sou e ainda posso ser. E, claro, à confiança do Humberto Carneiro, que abriu as portas e o coração para compartilhar sua história de empreendedorismo e fé.

PREFÁCIO

UMA ESTRATÉGIA
ADAPTATIVA PESSOAL

Faz tempo que Uberlândia (MG) nos captura a atenção. Nós nos relacionamos por um bom tempo com o Grupo Algar e já estudamos a fundo o atacadista Martins, para citar apenas duas das empresas nativas. Sempre nos saltou aos olhos o empreendedorismo dessas companhias, baseado em muito conhecimento do cliente, na prontidão para aproveitar oportunidades, e no uso da tecnologia como habilitador.

Com o passar dos anos, fomos conhecendo mais companhias locais donas dessas características. Vimos que havia algo diferente naquele ponto do mapa. Uberlândia materializa o conceito de cluster de Michael Porter, o mestre de estratégia de Harvard com o qual convivemos bastante nos eventos executivos que organizamos. Cluster é, ensina Porter, uma concentração geográfica de empresas que se interrelacionam e, assim, ganham uma vantagem competitiva que não teriam se estivessem apartadas.

Agora, Cezar Honório nos apresenta o empresário por trás da Up Brasil, antes Policard, empresa de benefícios que fatura R$22 bilhões anuais e foi adquirida pela terceira maior empresa do mundo no setor, a francesa Up: Humberto Carneiro. E ficamos sabendo que ele não fez somente isso. Foi a mente da primeira concessionária Fiat que abriu no Brasil. Foi um dos principais franqueados de Salim Mattar na Localiza. Teve a sociedade da Gávea Investimentos na Policard. Tornou-se um faria-limer com a gestora de recursos WN (a sigla vem da pergunta "why not", o que é um ponto de partida excelente). Entre outros negócios. Cezar conta que Humberto participou de mais de cem empresas, sendo um empreendedor serial desde que resolveu vender pipoca na escola aos 12 anos de idade.

Este livro é o relato muito humano e várias vezes comovente da trajetória de um empresário uberlandense que construiu uma empresa de R$22 bilhões — e muitas outras. Sua lição principal é o desapego. E é nesse aspecto que a história de Humberto Carneiro tem afinidade

PREFÁCIO

com o nosso trabalho sobre estratégia adaptativa. Afinal, para se adaptar a algo novo, você precisa desapegar do que havia antes. Como Cezar Honório argumenta, os empresários e gestores brasileiros são muito apegados ao que têm e isso lhes impõe dificuldades extras nos tempos atuais, quando as adaptações devem ser frequentes. Com Humberto ocorre o contrário; ele consegue entrar e sair das coisas, ou mudá-las, na hora certa. Isso é estratégia adaptativa em nível pessoal.

O conceito de estratégia é um bebê na história do pensamento empresarial mundial. Foi em meados dos anos 1960, que Bruce Henderson, fundador do Boston Consulting Group, definiu que a estratégia não serve para as empresas serem melhores do que elas mesmas; serve para elas se distanciarem das concorrentes. Ele fez as empresas começarem a olhar para fora, não só para dentro. Mais ou menos na mesma época, o professor e consultor austríaco Peter Drucker, visto como o pai da administração moderna, falou que estratégia, segundo ele, é mapear as oportunidades de negócios existentes no mercado e preparar-se para aproveitá-las ao máximo. E, pelo que Cezar nos conta nestas páginas, é isso que Humberto fez a vida inteira. Fora que ele tem mais dois atributos que têm tudo a ver com estratégia adaptativa. O primeiro é que funciona em rede, em ecossistema — isso é fundamental para adaptações rápidas. O segundo é que ilustra a diferenciação que Porter faz entre estratégia e eficiência operacional. Eficiência operacional (muito dominante no Brasil) se refere a práticas que permitem a uma empresa utilizar, da melhor forma, os seus recursos — por exemplo, reduzindo os defeitos dos produtos ou desenvolvendo produtos melhores mais rapidamente. Já estratégia, segundo o pensador, significa exercer atividades diferentes dos rivais ou exercer atividades semelhantes mas de um modo diferente.

É um orgulho ver empresários do Brasil Central seguindo estas sábias palavras de Drucker: "O enfoque do gestor moderno não deve ser o de resolver problemas, mas de explorar as oportunidades que surgem."

Sandro Magaldi e José Salibi Neto,
autores best-sellers, com livros como *Gestão do Amanhã, Código da Cultura, Estratégia Adaptativa* e *O que as Escolas de Negócios Não Ensinam.*

SUMÁRIO

INTRODUÇÃO: Teste de múltipla escolha   5

PARTE I
PASSADO
(mas sem excesso de passado)   23

CAPÍTULO 1:   Outra visão de ruptura   24

CAPÍTULO 2:   Um adolescente na fazenda   38

CAPÍTULO 3:   A família   48

CAPÍTULO 4:   Monza, a fórmula 1   62

CAPÍTULO 5:   Diversidade *vs.* Foco   80

CAPÍTULO 6:   Integrando uma rede de excelência   88

CAPÍTULO 7:   O negócio dos sonhos   96

CAPÍTULO 8:   O mindset e a escola   112

PARTE II
FUTURO
(mas sem excesso de futuro) 117

CAPÍTULO 9: Uma flor amarela 118

CAPÍTULO 10: Lutando pelo que é certo 128

CAPÍTULO 11: De Minas ao Leblon 132

CAPÍTULO 12: Tal pai, tal Bárbara 148

CAPÍTULO 13: O exponencial é aqui 156

CAPÍTULO 14: *Un petit déjeuner* 162

CAPÍTULO 15: "O filho que não tive" 170

CAPÍTULO 16: Método Humberto Carneiro
de negociação 178

PARTE III
PRESENTE
(mas sem excesso de presente) 183

CAPÍTULO 17: "Faria-limer" e escalando 184

CAPÍTULO 18: Homem em rede, rede estendida — 192

CAPÍTULO 19: Brasileiro não fala línguas? — 196

CAPÍTULO 20: O roceiro de Uberaba — 200

CAPÍTULO 21: Sucessão *à la* Buffett — 216

CAPÍTULO 22: Na Casa da CAROL — 220

CAPÍTULO 23: Liberdade e arte — 222

CAPÍTULO 24: Recomeçando todos os dias — 228

CONCLUSÃO: Gestão com desapego e cores mineiras — 237

APÊNDICE: Galeria de fotos — 257

BIBLIOGRAFIA — 271

SOBRE O AUTOR — 273

AGRADECIMENTOS — 275

INTRODUÇÃO

Teste de múltipla escolha

"Hoje, a humanidade passa por três problemas sérios: um é a ansiedade, quando você quer trazer o futuro para o presente. Outro é a depressão, ao querer trazer o passado para o presente. O terceiro é o estresse, o excesso de presente."

Humberto Carneiro

Este é um livro sobre a trajetória do empresário Humberto de Pereira Carneiro, nascido e criado em Uberlândia, a maior cidade do interior de Minas Gerais, com 700 mil habitantes, a 540 km de Belo Horizonte e a segunda maior cidade interiorana do país. Porém, de muitas maneiras, este é um livro sobre o Brasil empresarial. Através da história e da figura de Humberto, ele aborda as vantagens competitivas e as desvantagens que os empresários nacionais precisam superar se quiserem ter uma atuação mais relevante no mercado global e mesmo no mercado doméstico. (Sim, no mercado doméstico, porque ele já é, e será cada vez mais, povoado por competidores agressivos de origem estrangeira.)

Uberlândia é efervescente. Fora do eixo RJ-SP-BH há no Brasil outras cidades efervescentes, como Campinas e Ribeirão Preto (SP), Londrina (PR), Joinville (SC) e Feira de Santana (BA), e mais delas podem surgir. A turma da icônica avenida Faria Lima enxerga esse interior do Brasil como a onda do futuro para os negócios, onda essa que foi acelerada durante a pandemia da Covid-19 (2020-2021), pois a mudança de hábitos em direção ao trabalho re-

INTRODUÇÃO

moto ampliou as possibilidades para as pessoas migrarem para o interior. Mas só Uberlândia é carinhosamente apelidada de "terra do Uber". Como todo meme, como toda ideia que viraliza, a alcunha não é apenas brincadeira; ela tem um fundo de verdade. O Uber, com seu modelo de negócio de plataforma digital, representa o fino do empreendedorismo inovador do século XXI no mundo, e Uberlândia é um dos maiores celeiros de empreendedores inovadores do Brasil. Neste vértice do Triângulo Mineiro há empresas diferenciadas em setores tão diversos quanto tecnologia, agronegócio, serviços de telecomunicações, meios de pagamento e comércio atacadista.

Existe algo diferente na água de Uberlândia? Poeticamente, é possível responder que sim. Há uma síntese do Brasil na água uberlandense, uma mistura de todas as virtudes e contradições que nosso país con-

> Uberlândia é a síntese do Brasil, reunindo suas virtudes e contradições. Empresária e proletária, inovadora e conservadora, tecnológica e sertaneja, rica e pobre

tinental tem. A cidade é empresária e proletária. É inovadora e conservadora. É tecnológica e sertaneja. É rica e pobre. Tem praticamente 100% de tratamento de esgoto mas ainda guarda bairros periféricos sem ruas asfaltadas. É verticalizada nas regiões mais prósperas e cheia de vazios urbanos que empurram os mais pobres para dezenas de quilômetros da região central. Acolhe um povo vaidoso que é incapaz de tomar o ônibus para a casa com a roupa suja do dia de trabalho e que acredita, como ninguém, que é com a força do trabalho que se conquista os próprios sonhos.

O que mais nos falta no Brasil? Sonhar grande? Profissionalização? Correr mais riscos? Descentralizar-se? Transformação digital? Experiência do cliente?

Se Uberlândia sintetiza o Brasil — diferentemente dos grandes centros, que são um microcosmo do mundo —, Humberto Carneiro sintetiza o brasileiro, e mais especificamente o empresário empreendedor brasileiro. Ele também difere do empresário cosmopolita típico da Faria Lima, até quando tem atuação inter-

INTRODUÇÃO

nacional, como é o caso de Humberto Carneiro. Possui a mesma veia empreendedora que as grandes famílias empresárias brasileiras demonstraram ter ao longo da história — pode-se dizer que Humberto estreou nos negócios aos 12 anos de idade vendendo pipoca no intervalo das aulas. É tão cuidadoso quanto os demais na diversificação dos negócios. Ostenta uma longa experiência em cair e levantar. Privilegia o resultado e o bem-estar das pessoas, mas prefere o anonimato a virar notícia nacional.

Apenas Humberto tem uma pequena diferença em relação a outros empresários nacionais. Que faz toda a diferença. Ele é desapegado, como se fosse um empreendedor serial; fundou ou participou de mais de 120 empresas. Inclusive a Policard, operadora de benefícios como o cartão-alimentação, que foi investida pelo conhecido fundo de *private equity* Gávea Capital, comandado pelo ex-presidente do Banco Central Armínio Fraga, e depois teve seu controle vendido para a multinacional francesa Up, uma líder global do setor de benefícios, e passou a movimentar R$22 bilhões por ano (dado de 2019). E a capacidade de desapegar, que Humberto tem e que os empresários brasileiros precisam aprender a desenvolver, é a verdadeira protagonista deste livro. Porém, antes de abrirmos essa porteira, voltemos à água de Uberlândia.

UBERLÂNDIA E A FORÇA DE SEUS EMPREENDEDORES

Você, leitor, talvez não as associe a Uberlândia, mas as empresas desse polo empresarial certamente já entraram no seu radar. São vários os exemplos dos que saíram daqui para ganhar projeção nacional e global. Existem os mais antigos, como o grupo Algar, fundado pelo imigrante português Alexandrino Garcia em 1930 e que hoje tem diversas empresas em áreas que vão das telecomunicações e tecnologia ao agronegócio e aos resorts, e faturamento anual de aproximadamente R$5 bilhões.

Ou como os grupos Martins e Arcom, dois protagonistas do setor atacadista distribuidor da América Latina: o primeiro é liderado por Alair Martins, e o segundo, por Dilson Pereira. Ambos são referências em tecnologia, logística e experiência do cliente, e um motor econômico do país.

INTRODUÇÃO

Estamos falando também de exemplos de empresas de tecnologia nativas digitais, nascidas há menos de uma década, como a startup Zup IT, que foi arrematada pelo Itaú-Unibanco por mais de R$500 milhões em 2019. O maior banco do país viu na empresa uberlandense uma plataforma para acelerar a estratégia de negócios digitais. Comprou com a condição de manter os sócios-fundadores e o endereço de origem, mais um exemplo de que o velho modelo centralizado não tem mais espaço em um mundo que não reconhece fronteiras. Ou como a Softbox, que oferece soluções de plataforma para empresas de varejo e indústria de bens de consumo que desejam fazer vendas digitais ao consumidor final. A Softbox foi adquirida pelo Magazine Luiza em 2018 e tem tido um papel central no impressionante crescimento do Magalu como marketplace e em sua transformação na "Amazon brasileira".

Estamos falando de empresas que atraem investidores de fundos internacionais mesmo quando o risco Brasil está em alta, como a Sankhya, especializada em software de gestão para pequenos negócios. Ela obteve aporte de

R$425 milhões no final de 2020 do fundo GIG, de Singapura.

Todas essas empresas têm em comum, em primeiro lugar, o fato raro de empreenderem gerenciando com eficiência — ou de gerenciarem empreendendo, como preferir. E todas nos dão a sensação de que é como se o austríaco Peter Drucker, o norte-americano Steve Blank e o indiano Ram Charan se encontrassem em Uberlândia. Quem acompanha o mundo dos negócios sabe que esses três nomes são, respectivamente, as principais referências da gestão corporativa moderna, do empreendedorismo do tipo lean startup e da liderança de excelência.

Há uma ideia de Drucker que veste como uma luva nos gestores empreendedores uberlandenses: a de que administrar um negócio não é uma ciência, e sim uma prática que precisa ser alimentada pelo que está fora dela, como as disciplinas de economia, história, matemática, artes etc. E, em vez de serem ultrafocados em seus negócios, os empreendedores uberlandenses têm vidas pessoais ricas que contaminam positivamente suas empresas. É o caso de Felipe Calixto e Fábio Túlio, fundadores da empresa

INTRODUÇÃO

de software de gestão corporativa Sankhya, que tocaram numa banda de rock dos anos 1980, a Solo Vertical, e tocam até hoje. E também é o caso de Humberto, que é um artista plástico com boa produção de pinturas a acrílico, além de um cantor amador.

Já Blank diz que criar clientes é a razão de ser de toda organização — não o lucro. E que tal organização, por conta disso, funciona em um constante ciclo de descoberta, validação e criação de clientes. É o que fazem todas as empresas uberlandenses citadas, dia e noite.

Para Peter Drucker, a integração regional é o que mais falta para o Brasil ter o sucesso que merece, a descentralização em relação a Rio e São Paulo

Por fim, Charan propõe com colegas, em artigo da revista *MIT Sloan Management Review Brasil* com base em estudo feito no Insead, que todo líder saiba fazer exercícios de destruição criativa, imaginando as maneiras como os concorrentes podem causar a disrupção de sua empresa para que possa agir antes que tal aconteça, como um "Método para Encontrar a Fênix", numa alusão à ave mitológica que morre por decisão própria e renasce das cinzas mais forte que nunca.

O BRASIL E SUAS VULNERABILIDADES

Então, o que Uberlândia, e Humberto Carneiro especificamente, podem ensinar a empresas de outros cantos do Brasil? Muito se debate sobre as razões de não termos o sucesso econômico que poderíamos, ou merecíamos, já que o Brasil é, faz tempo, o país do futuro — pelo menos, desde que o escritor Stefan Zweig publicou o livro *Brasil, o País do Futuro*, em 1941. Nosso país se constitui na décima maior economia do mundo, tem um mercado consumidor gigantesco e conta com os mais variados tipos de problemas para resolver, o que significa que oferece variadas oportunidades de negócios. No entanto, nossas posições em rankings de competitividade, inovação, qualidade de vida da população deixam muito a desejar, além de a marca "Brasil" não ser uma marca-país forte.

O relatório que a Confederação Nacional da Indústria (CNI) publica desde 2010, comparando a produtividade do Brasil com a de 18 economias similares, nos põe em penúltimo lu-

INTRODUÇÃO

gar. (As 18 economias da comparação são África do Sul, Argentina, Austrália, Canadá, Chile, China, Colômbia, Coreia do Sul, Espanha, Índia, Indonésia, México, Peru, Polônia, Rússia, Tailândia e Turquia.)

É evidente que temos muitas lacunas a preencher. Como o foco desta obra está naquilo que as empresas podem fazer a respeito das lacunas, e não no que depende do arcabouço legal/regulatório, reunimos as vulnerabilidades mais frequentemente associadas às empresas do Brasil.

Fazendo uma breve interação, propomos que, neste teste de múltipla escolha, você aponte as vulnerabilidades que acha fazerem mais sentido. Vale marcar mais de uma alternativa.

O que mais falta às empresas brasileiras é...

( ) ... sonhar grande.

( ) ... fazer a transformação digital e ágil.

( ) ... maior profissionalização da gestão.

( ) ... construir marca e experiência do cliente.

( ) ... saber atuar em rede, em ecossistema.

( ) ... contribuir para a desconcentração do eixo Rio-São Paulo e das grandes capitais.

( ) ... saber conviver com erros; saber aprender.

( ) ... parar de apenas copiar as práticas de outras empresas e criar e inovar mais.

Este livro responde ao teste de dois modos: (1) nenhuma das anteriores e (2) todas elas.

Para explicar a nossa resposta, vale antes comentar algumas das vulnerabilidades apontadas. Não sonhar grande o suficiente pode ser um problema, de fato; poucos visavam o mundo. Mas, como tem sido uma bandeira publicamente levantada pelo grupo 3G, de Jorge Paulo Lemann, Marcel Telles, e Carlos Alberto Sicupira, pouco a pouco os brasileiros estão aprendendo a ousar mais. Sermos o terceiro país do mundo em número de empresas unicórnio, com valor de mercado superior a US$1 bilhão, comprova isso.

Quanto a fazer a transformação digital e ágil, estamos atrasados em lidar com mais dados e com as variadas tecnologias digitais, e com um modelo gerencial que dá suporte a isso, o que, entretanto, não significa que não tenhamos exemplos inspiradores. Aliás, em Uberlândia mesmo — como Grupo Algar, os atacados Martins e Arcom etc. E, no caso da

INTRODUÇÃO

profissionalização, ainda podemos avançar bastante, sobretudo nas empresas familiares, mas certamente não devemos jogar fora o bebê com a água do banho. Ter alguém que se importa de verdade com o negócio traz potencialmente uma visão de longo prazo ao negócio, o que pode ser o contrapeso ideal a um executivo profissional mais preocupado com o próximo trimestre.

Poderíamos discutir as oito vulnerabilidades listadas, mas, a nosso ver, existe um obstáculo anterior, comum a todas elas, que precisa ser transposto por quem quiser endereçá-las: o apego brasileiro. Uma característica muito forte de gestores e empreendedores do Brasil, herança da colonização portuguesa segundo os historiadores, é o aprisionamento mental a velhas conquistas e tradições.

O antropólogo e psicólogo holandês Geert Hofstede detectou isso faz tempo. Ele realizou uma pesquisa na virada dos anos 1970 para os 1980, quando comparou as culturas de negócios e gestão de diferentes países ao analisar os funcionários de unidades da IBM ao redor do mundo. No caso da cultura do Brasil, levantou como dois traços bem relevantes — e as-

A ARTE DO DESAPEGO

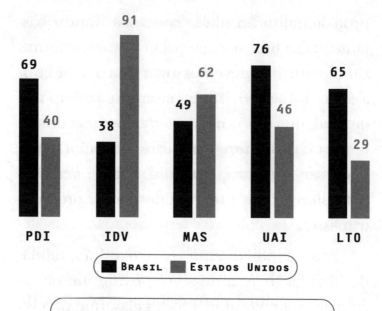

Fonte: SANTANA, D. L. de; MENDES, G. A.; MARIANO, A. M. Estudo das dimensões culturais de Hofstede: análise comparativa entre Brasil, Estados Unidos e México, publicado na revista C@LEA, da Universidade Estadual de Santa Cruz (BA). A escala vai de 0 a 100, em ordem ascendente.

sociados ao apego — a aversão a incertezas e uma grande distância entre o topo e a base da hierarquia.

Vale a pena relacionar os resultados brasileiros da pesquisa feita na IBM com os americanos e com algumas das vulnerabilidades do

INTRODUÇÃO

teste de múltipla escolha que foi proposto. Por exemplo, a aversão a incertezas que existe no Brasil nos desfavorece sonhar grande, inovar, dispor-se a testar para errar e aprender e, por incrível que pareça, prejudica até mesmo a oferta de melhor experiência ao cliente (já que os líderes perdem o controle sobre as decisões quando o cliente está no centro do negócio). A orientação ao coletivo e à sociabilidade, em detrimento do individualismo, nos faz ser pouco profissionais e técnicos. A distância hierárquica atrapalha quanto à profissionalização (pois dificulta delegar poder), e é um gigantesco obstáculo à transformação digital, que requer autonomia dos funcionários nas pontas.

Entender vulnerabilidades e fortalezas é tão importante quanto entender oportunidades e ameaças. Isso significa que, para termos mais sucesso, é necessário abrirmos mão do jeito brasileiro de fazer negócios e copiar EUA, ou China, em tudo? Não, muito pelo contrário!

COMO LER ESTE LIVRO

Defendemos uma tese nestas páginas: o que realmente falta para os empresários, gestores e empreendedores brasileiros é incorporar o desapego em seu modelo mental; é isso que pode nos habilitar a lidar com as vulnerabilidades corporativas listadas. E é o que pode tornar mais ágil e competitivo o jeito brasileiro de fazer negócios. O próprio livro que você tem em mãos começou com o desapego de Humberto. Este repórter o conheceu no estacionamento de uma academia de ginástica e, em três dias, já iniciávamos o projeto.

Defenderemos essa tese contando a história do empresário Humberto e a do homem Humberto, organizando-a em seis seções:

1. Introdução — esta que você lê agora.
2. Parte I, dedicada ao passado de Humberto, na vida pessoal e profissional.
3. Parte II, dedicado ao futuro que Humberto imaginou e construiu no passado.
4. Parte III, dedicada ao seu presente.
5. Conclusão.
6. Galeria de fotos, que conta a história visual.

As três partes têm oito capítulos cada, com texto leve e fácil de ler, e, no final de cada um, você encontra um quadro que enfatiza a lição de gestão e empreendedorismo ali compartilhada.

INTRODUÇÃO

"DES-FORMAR" A GESTÃO

Uma vez, outro homem do Brasil Central, o poeta goiano Manoel de Barros, escreveu: "Deus deu a forma. Os artistas desformam. É preciso desformar o mundo, tirar da natureza as naturalidades. Fazer cavalo verde, por exemplo." Este livro não tem cavalo verde, mas tem coqueiro amarelo de folhas azuis e cocos vermelhos, a tela do pintor Humberto Carneiro que embeleza a capa. (Outras telas se espalham pelo livro, como você verá.) Tanto na arte como nos negócios, Humberto se desapega da forma usual que as coisas têm.

Uma frase do empresário traduz o desapego:

"Hoje a humanidade passa por três problemas sérios: um é a ansiedade, quando você quer trazer o futuro para o presente. Outro é a depressão, ao querer trazer o passado para o presente. O terceiro é o estresse, o excesso de presente. Então, é importante aprender a trazer um equilíbrio aos negócios e aos relacionamentos. Quando aprendemos a desapegar, adquirimos esse equilíbrio, e é isso que nos ajuda a tocar a vida para a frente"

PARTE I

PASSADO

(MAS SEM EXCESSO DE PASSADO)

CAPÍTULO 1

OUTRA VISÃO DE RUPTURA

Era um dia como outro qualquer na capital do Triângulo Mineiro. O céu estava bem azul, o sol nascera lindo e, ao que tudo indicava, o crepúsculo seria um espetáculo. Além disso, era março, um mês tradicionalmente feliz para o empresário uberlandense Humberto Carneiro. Por exemplo, em março de 2001, ele havia inaugurado, no Center Shopping, a nova sede da Policard, empresa de cartões de benefício que fundou em 1995 e com a qual realizava seu sonho de se tornar um grande empreendedor — e também um inovador.

Eram oito da manhã. Humberto se dirigia ao trabalho quando recebeu uma ligação no celular. Do outro lado, uma voz feminina desesperada

Porém, quis o destino que 19 de março de 2004

CAPÍTULO 1

não fosse um dia de sorte, nem sequer um dia como outro qualquer. Chegando ao trabalho no Center Shopping, Humberto recebeu uma ligação no celular quando saía do elevador do andar rumo ao escritório. Do outro lado, uma voz feminina desesperada: "Nossa filha morreu."

Hoje, os detalhes lhe fogem à memória em função do tempo e da carga emocional, mas ele se lembra claramente da frase "Nossa filha morreu". E da sensação de estar em um pesadelo. Era sua ex-esposa, Norah, que chorava muito e ficava repetindo: "Nossa filha morreu." Em seguida, a ligação caiu.

Humberto ficou paralisado. Foram segundos, talvez décimos de segundos, mas pareceram uma vida. Então, ligou de volta e a funcionária doméstica de Norah pegou o telefone das mãos da patroa; ela ditou o número de uma pessoa no exterior que poderia esclarecer o que estava acontecendo. Humberto precisou de ajuda para fazer a chamada; recorreu a Norma, sua secretária desde os tempos da Monza Veículos. Quem atendeu foi um amigo da Carolina, sua filha mais velha, que estava estudando e trabalhando em Alicante, Espanha.

25

A ARTE DO DESAPEGO

O rapaz foi dando as informações devagar; começou contando que Carol havia sofrido um acidente de carro. "Perguntei de pronto: minha filha faleceu ou não?", reconstitui Humberto, emocionado. "Ele não queria me dizer, mas expliquei que precisava ser direto sobre o ocorrido, porque eu era um pai perdendo tempo para pegar o avião e atravessar o Atlântico", diz. Nesse momento, o amigo criou coragem e respondeu que, sim, Carol estava morta. "Tudo que me lembro é de avisá-lo que autorizaríamos a doação de órgãos ao chegarmos lá."

Para Norah, a mãe de Carol, a memória de 19 de março também vem em flashes. Ela lembra de ser informada sobre o acidente por um professor da filha na Espanha, onde ela morava havia três anos para cursar antropologia humana na Universidade de Alicante. (Faltava apenas um ano para a formatura, inclusive.) Lembra de ter ligado para o ex-marido imediatamente e desligado. Lembra de ter pedido para a empregada passar a Humberto o número de telefone do contato espanhol.

O que acontece com as pessoas que vivem uma tragédia dessa dimensão é imprevisível.

26

No caso de Humberto, a reação foi cuidar das questões práticas, algo que fora condicionado a fazer desde pequeno. E que sabia fazer: enfrentava situações adversas resolvendo com cuidado um problema de cada vez.

O problema imediato era ir buscar o corpo da filha na Espanha. Tinha de providenciar a viagem para a família o mais rápido possível, tinha de ir ao hospital vê-la uma última vez e autorizar a doação de órgãos, tinha de entender exatamente como foi o acidente, tinha de cuidar da papelada para liberar o corpo e trazer Carol para ser enterrada em Uberlândia. Havia um voo da Iberia de São Paulo para Madri às 15 horas. Comprou as passagens para ele e Norah, e aceitou a oferta do avião Seneca de um amigo, Ivaldo Naves, para chegar ao aeroporto de Guarulhos a tempo. Norah estava esperando em São Paulo.

> "Perguntei de pronto: minha filha faleceu ou não? Eu era um pai perdendo tempo para pegar o avião e atravessar o Atlântico"

Encontrar Norah e a filha mais nova, Bárbara, no aeroporto de Guarulhos foi devastador, mas Humberto manteve a prontidão para tomar decisões. O luto teria de ser processado ao longo dos anos seguintes.

ASFALTO PERFEITO

"Eu sabia que Carol ia viajar. No dia anterior ao acidente, ela me ligou para contar que estava indo com mais três amigos até Valência para uma das festas mais tradicionais da Espanha, a Las Fallas. Disse para eu não me preocupar, ficariam num hotel nas vizinhanças e, como iriam beber, voltariam de táxi", relembra Humberto.

De fato, os jovens reservaram lugar num hostel de Massamagrell, cidade satélite de Valência. De fato, depois de curtirem Las Fallas, por volta de seis da manhã, pediram o táxi. No Renault de idade questionável — e manutenção duvidosa, já que os pneus estavam gastos —, um amigo foi na frente, no banco do passageiro, Carol e os outros dois atrás. O carro não era bom, mas, para cumprir um trajeto de

> Humberto seguiu do aeroporto em Madri para o hospital em Valência onde estavam os amigos feridos no acidente; queria saber tudo, em detalhes

CAPÍTULO 1

apenas 19 km em uma bem conservada estrada europeia, servia.

Só que, quando entraram em uma reta sem qualquer tipo de obstáculo, um dos pneus estourou, conforme constataria mais tarde a investigação da polícia espanhola. E o veículo capotou. Virando, só parou ao colidir com uma palmeira imponente na beira da pista. Bateu contra a árvore justamente na altura da porta traseira do lado direito, onde estava Carol.

Sofrendo um traumatismo no tórax, a moça teve morte instantânea. Com os dois rapazes ao seu lado, aconteceu pouca coisa: um chegou a quebrar o braço, mas o outro nem arranhão teve. Os da frente, incluindo o motorista, também escaparam sem ferimentos graves. "Deu um certo alívio saber que ela não sofreu. Um dos amigos disse que nem deu tempo de ela ver o que tinha acontecido", recorda o pai.

Com Norah, Humberto seguiu do aeroporto em Madri direto para o hospital onde estavam os feridos no acidente, em Valência. Queria ouvir tudo deles, em detalhes. Mas, como foram nove longos dias de trâmites burocráticos até liberar o corpo para voltar ao Brasil,

A ARTE DO DESAPEGO

Humberto acabou indo também ao local da batida, acompanhado do advogado espanhol que o auxiliava. Era uma planície e o asfalto não tinha remendos ou ondulações. "Eu não podia acreditar que aquilo tinha acontecido num lugar tão improvável", diz Humberto. Se não fosse a tal palmeira, o desfecho teria sido outro. "Eu disse isso e o advogado me respondeu: se não fosse a palmeira, teria sido uma pedra, um trator, qualquer outra coisa, porque havia chegado a hora dela. Concordei."

Humberto fez tanta questão de olhar de frente a tragédia, que revisitou os últimos momentos da vida da filha, registrados na máquina fotográfica digital resgatada do acidente.

REDE E LIDERANÇA

A morte de Carol contém ensinamentos tanto para a vida pessoal quanto na profissional. Pode parecer insensibilidade comparar a morte de uma jovem com a vida pela frente, com uma ruptura nos negócios, como uma falência, por exemplo, mas são fenômenos semelhantes. Os estudiosos da economia comportamental já provaram que o ser humano reage a perdas de

CAPÍTULO 1

maneira semelhante, sejam em que campo forem.

A Humberto, a perda de Carol ensinou sobre os impactos de uma perda, a liderança e o efeito de rede, e ele assimilou as lições.

No momento mais triste da sua vida, o empresário aprendeu, por exemplo, que as pessoas tendem a se identificar

O fatídico 19 de março fez Humberto entrar em contato com a humanidade que é deixada de lado no dia a dia dos negócios — ele recebeu solidariedade instantânea

com perdas, mesmo que estas tenham sido sofridas por outras pessoas, e que isso as paralisa. "Lembro que o pai de um dos amigos da Carol hospitalizados teve dificuldade de me encarar; ele precisou sair do quarto logo que cheguei e, mais tarde, fui eu quem o consolei", conta Humberto. "Lembro também de a delegada que me entregou os pertences pessoais da Carol não ter coragem de me olhar nos olhos. De novo, fui eu que a consolei."

Aí veio a lição sobre liderança. Por causa dessa paralisação diante das perdas é que o es-

A ARTE DO DESAPEGO

pírito de liderança é tão importante. Liderar é importante principalmente em momentos críticos. Significa manter o foco, e, nessas horas, poucos conseguem manter o foco", avalia ele, anos depois de assimilar os aprendizados.

Por fim, Humberto aprendeu sobre o efeito da rede com a solidariedade que se formou ao seu redor. Foi uma rede instantânea. O efeito de rede é um fenômeno muito discutido no meio empresarial atual, por causa do sucesso das mídias sociais, mas o sistema de franquia já o ilustrava perfeitamente. Por esse efeito, a cada participante que é acrescido a uma rede, todos os participantes ficam mais fortes. A solidariedade que foi recebendo de amigos e conhecidos na morte da Carol foi fortalecendo Humberto. Um exemplo foi a compaixão que Carlos Eduardo "Andó" Abdala, marido de Norah, demonstrou ter por

> Resignar-se ao imutável também serviu para Humberto evitar arrependimentos inúteis por decisões do passado, como a de não ter trazido Carol de volta após os atentados de 2004 em Madri

ele. Considerando que o próprio Andó estava muito abalado, pois mantinha ótima relação com a enteada, e que havia lutado contra um câncer cerca de seis meses antes e perdera a primeira filha com a ex-mulher aos 2 anos de idade, ele fez um esforço brutal para isso. Humberto tampouco esquece o apoio de Ivaldo Naves, que nem era tão próximo dele na época, e não só ligou colocando o avião particular a sua disposição como lhe emprestou prontamente uma quantidade de dólares para eventuais despesas no exterior. Repetindo: cada participante novo que entra na rede fortalece os demais, e vice-versa. Andó, Ivaldo e muitas outras pessoas, entre as quais Anna Laura, que surgirá mais adiante, fortaleceram Humberto.

SEM ARREPENDIMENTOS

Uma das tentações do ser humano, sempre que sofre uma perda, é olhar para passado e pensar no que poderia ter feito de diferente. A família fez um pouco disso, mas só um pouco. Norah conta que, depois dos atentados de 11 de setembro de 2001 contra o World Trade Center, Carol estava estudando e trabalhando nos Estados Unidos, no setor hoteleiro, e Humberto

A ARTE DO DESAPEGO

queria repatriar a filha. "Como a Carol vivia a centenas de quilômetros de distância de Nova York, argumentei que ela estava protegida e a conversa acabou aí", afirma Norah.

Três anos depois, o receio de Humberto quanto à segurança da filha mais velha voltou. Em 11 de março de 2004, houve o atentado a bomba contra o sistema de trens de Madri, quatro explosões simultâneas idealizadas por terroristas supostamente ligados à Al-Qaeda que mataram 193 pessoas e feriu 2.050. Dessa vez o perigo era real, porque Carol estava fazendo um trabalho free-lancer em Madri como tradutora de uma fabricante de bebidas brasileira com estande numa feira do setor. "O Humberto queria trazer a Carol de volta de qualquer forma. Argumentei que não adiantava insistir; nossa filha estava onde sempre sonhou estar", lembra Norah.

Carol terminou o trabalho na feira e voltou a Alicante feliz da vida. Estava sã e salva e tinha um dinheiro extra para financiar a próxima experiência — conhecer a centenária festa de Valência.

Humberto não olha mais para as decisões tomadas no passado. Nem Norah. Talvez a avó

CAPÍTULO 1

paterna, Dona Naime, olhe, mas só um pouco. "Carol era amorosa e apegada aos pais. Depois da separação dos dois, nunca mais fincou raízes. Passou a viver pelo mundo", diz ela. Mas ela mesma observa, orgulhosa, que "Carol era um espírito livre. Estudava e dava um jeito de trabalhar para ganhar um dinheiro extra, porque queria decidir o próprio destino. Exatamente como o pai".

> Carol morava no exterior pela terceira vez; aos 24 anos, conhecia mais países do que qualquer membro da família. Esse espírito desapegado da filha ensinou muito ao pai

80 ANOS EM 24

A relação de Humberto com a filha mais velha era "muito boa", mesmo após o fim do casamento com Norah, o que não acontecia com a mais nova, Bárbara. Não porque Carol fosse filha biológica e Bárbara, adotiva, mas porque Carol e Humberto se pareciam na intensidade de viver e na sede de liberdade. O pai dava vazão a essa necessidade empreendendo e negociando, e a filha, estudando e viajando. Aos 24 anos, além de morar no exterior pela terceira vez, Carol conhecia mais países do que qualquer membro da família. "Ela viveu 80 anos em 24", repete o pai, "80 anos em 24".

Humberto mudou depois da morte de Carol, como conta seu amigo e sócio Valério Marega Jr. Sofreu uma dor gigantesca na alma – a secretária, Norma, diz que ele tinha "adoração" pela filha, que chorou durante dez anos por ela. Entendeu o estilo de vida "carpe diem" da filha, de viver intensamente o momento presente. E essas duas coisas o tornaram ainda mais desapegado, nos negócios e fora deles.

Porém, isso não aconteceu da noite para o dia, num passe de mágica. As lições precisaram ser processadas para ser assimiladas. Após um ano em que mergulhou no trabalho e foi amparado por sua mãe, Dona Naime — o nó principal da sua rede inicial —, Humberto se exilou. Ele afastou-se do dia a dia dos negócios e foi para a Toscana, Itália, estudar pintura por três meses.

"O curso foi bom para aprender mais sobre as técnicas de pintura", diz. Mas foi bom principalmente para ele aprofundar o autoconhecimento. Humberto, aquele sujeito que sempre

CAPÍTULO 1

tinha olhado para fora, para as oportunidades que existem no mundo, finalmente olhou para dentro. Como Carol fazia, aliás, com seu hábito de registrar num diário o que vivia e pensava.

Viva, Carol impactou profundamente o pai e, na morte, idem. O sócio e amigo Valério Marega Jr. conta que Humberto desapegou ainda mais e começou a enxergar melhor os outros aspectos da vida. "Era como se ele fosse um sujeito quase 100% de exatas e, depois de perder a Carol, passasse a ser muito mais de humanas." Bill George, especialista em liderança de Harvard, diria que essa ruptura o tornou um líder autêntico, o melhor tipo de líder que existe.

> **LIÇÃO 1**
>
> É possível se recuperar mesmo na pior das disrupções. Para isso, é preciso ter atitude de líder — encarar a realidade, não remoer o passado e enfrentar um problema de cada vez, do melhor modo possível. Vale para os problemas práticos e os emocionais. Contar com os relacionamentos, como fez Humberto, também é importante.

CAPÍTULO 2

UM ADOLESCENTE NA FAZENDA

Apesar de o Brasil Central ser frequentemente associado à vida rural, Humberto Carneiro é um homem urbano. Ele tem hábitos urbanos, como frequentar academia de ginástica todas as manhãs. Ele tem negócios predominantemente urbanos, em Uberlândia, em São Paulo, em Brasília e outras cidades. Ele gosta do mesmo tipo de roteiro dos executivos urbanos: navegar no litoral, ir ao Vale do Silício, à Europa. No entanto, Humberto tem, no fundo, um espírito rural. Não apenas porque foi criado na pequena Nova Ponte, mas sobretudo por ter tido, em sua formação, uma forte influência do pai, Milton Carneiro, que se define como um fazendeiro de gado — mais ou menos um cowboy brasileiro.

CAPÍTULO 2

Então, para apresentar o adolescente da fazenda que existe dentro de Humberto, temos de retornar no tempo e entender o Seu Milton ainda criança, nos anos 1940, quando morava numa fazenda de cerca de 86 hectares e capinava roça para quem o chamasse, em troca de uma diária de 500 réis, a moeda da época. Seu sonho era viver de comprar e vender gado. Aprendeu a identificar os melhores animais na lida como tropeiro. Aos 14 anos de idade, já viajava a região tocando rebanhos. Dali a virar negociante de gado, foi um pulo.

> Aos 12 anos, Humberto vendia pipoca na escola; aos 14 cuidou sozinho da fazenda da família por 60 dias; aos 17, assumiu a área comercial da primeira grande empresa dos Carneiro

Um vizinho, Seu Chiquinho, deu o empurrão inicial: aceitou lhe vender 20 cabeças com 30 dias de prazo para pagar. Seu Milton fechou o negócio sem assinar qualquer documento — só no "fio do bigode", como se costumava dizer, apesar de ele ainda ter o buço infantil. Fechou sem nem sequer consultar o pai, Seu Zé Fernandes, que só soube da história depois que ele revendeu o rebanho e tirou o lucro. Fazendo as contas, o Miltinho tinha feito um bom negócio e obteve a aprovação paterna. O menino faturou o equivalente a alguns dias no pé da enxada sem precisar torrar a cabeça sob o chapéu de palha. Seu futuro despontava no horizonte.

De escola, Seu Milton não gostava; largou na 4ª série do ensino fundamental. Experimentou viver de pilotar por dois anos. Arava o solo de várias fazendas 12 horas por dia — às vezes, no turno da noite, das 6 da tarde às 6 da manhã — e construiu a fama de ser um dos melhores tratoristas da região. Mas, aos 17 anos, tudo que ele queria mesmo era voltar a trabalhar com vacas, a sua paixão. Seu sonho era criar umas 100 cabeças em 86 hectares, mas chegaria muito além disso, levando em paralelo as vidas de fazendeiro e de político (vereador, subprefeito, pre-

> Seu Milton trabalhava duro; aos 17 anos, já tinha a fama de um ser um dos melhores tratoristas da região. Mas tudo que ele queria era trabalhar com gado

CAPÍTULO 2

feito em Nova Ponte, secretário da prefeitura em Uberlândia).

Em Goiás, a primeira fazenda foi em Pontalina, quando já moravam em Uberlândia e cuja entrada foi dada com o dinheiro da venda da casa de Nova Ponte. No Pará, a primeira investida foi em 400 hectares de terra no Bico do Papagaio, região que ficara famosa por abrigar o único movimento de guerrilha rural da história do Brasil republicano; até havia presença do Exército na região. Comprou o imóvel com uma entrada, dividindo o restante para ser pago ao longo do tempo com os lucros da propriedade. "Lembro que meu pai me deixou sozinho cuidando da fazenda por dois meses, inclusive. Eu tinha pouco mais de 14 anos", recorda Humberto. É aí que encontramos o adolescente Humberto na fazenda.

Assim como os quatro irmãos, Humberto já tinha incorporado, na marra, o valor do trabalho duro que o pai pregava. Lembra que Seu Milton trabalhava na roça? Que dirigia trator 12 horas seguidas? Ele era duro com os filhos, agressivo às vezes. Não foi do nada que passou a vender pipoca aos 12 anos; o pai lhe tinha dito que, se quisesse continuar a estudar, precisava

41

conseguir ganhar o próprio dinheiro. Mas foi nas fazendas que Humberto começou a entender o jeito de fazer negócios do Seu Milton, baseado em risco e oportunidade, em pensar na solução e não no problema, em ser rápido.

NEGÓCIO-DO-PARÁ

A principal ligação do Seu Milton era com terras e gado, seja antes ou depois de a família Carneiro abrir a primeira concessionária Fiat do Brasil, em Uberlândia.

Um dia, Seu Milton comentou com Humberto, então com pouco mais de 20 anos de idade, que tinha a chance de fazer um "negócio-da-china. Havia ouvido, num tradicional café no Centro de Uberlândia, que a família Rodrigues da Cunha ia vender uma fazenda gigantesca no Pará, porque estava invadida por centenas de sem-terra. Naquelas condições, o imóvel poderia ser arrematado por um valor bem abaixo do mercado.

"Meu pai ficou sabendo da fazenda no sábado, e no domingo já embarcávamos em um pequeno avião que tínhamos na época para conhecer a fazenda. Voltamos no domingo mes-

CAPÍTULO 2

mo e, na segunda-feira, eu estava em São Paulo para fechar o negócio", recorda Humberto.

Em sociedade com os filhos, Seu Milton agora era dono de uma fazenda no norte do Pará com 43 mil hectares, 500 vezes maior que aquela fazenda dos seus sonhos de menino. Para quem não tem noção do tamanho, são 430 km². Lá não havia só uma pista de pouso para aviões; havia duas. E que imponência tinha a sede: "Era enorme e toda construída em madeira de lei", como lembra o patriarca dos Carneiro.

A fazenda foi adquirida por uma pechincha, até para os padrões do Pará da década de 1970, onde as terras eram consideradas baratas. Estava tomada por centenas de posseiros — era uma terra de ninguém. As centenas de cabeças de gado haviam virado um rebanho selvagem, porque não eram reunidas havia anos.

Com muita coragem, ou pouca noção do perigo, Seu Milton partiu de carro para tomar posse da tal fazenda, e ainda levou consigo um dos filhos do segundo casamento e

O estilo do pai era baseado em risco e oportunidade, em pensar na solução e não no problema, em ser rápido

Seu Milton deu um curso de negociação aos filhos ao lidar com os sem-terra que invadiram a fazenda

um neto. A recepção dos invasores não foi nada amistosa. Nem trocaram de camisa para receber o novo proprietário, e ainda o ameaçaram de morte.

Passar de dono de direito para dono de fato da imensa propriedade, batizada Agropecos, era, portanto, o desafio posto. Nessa época, Humberto teve acesso a um curso intensivo em negociação. O pai combinou seus talentos de político e de vendedor, e fez prevalecer sua estratégia, que seria de conciliação, não confronto.

"Minha primeira providência foi passar a contratar os líderes do movimento dos invasores para trabalhar como funcionários da fazenda", reconstitui Seu Milton. "Também comecei a ir regularmente à casa dos posseiros considerados mais agressivos. Tomava um café lá; às vezes, até almoçava. E ficava jogando conversa fora. Eles se sentiam honrados com essas visitas do novo dono da fazenda."

Dia após dia, Seu Milton foi ganhando a confiança dos invasores ao dizer que não precisaria ter toda aquela terra para si. Compro-

CAPÍTULO 2

meteu-se a ajudá-los, na medida do possível, a regularizar o assentamento em parte das terras. E assim foi demarcando, sempre em comum acordo, quais seriam as áreas dos Carneiro que os posseiros não poderiam invadir. Começou negociando cercar 500 hectares em torno da sede e, ao final, tinha conseguiu garantir, pacificamente, 2.500 hectares, o que já era algo de perder de vista.

Aos poucos, o gado disperso foi reunido e domesticado novamente. O investimento feito foi quase todo quitado com os próprios recursos da fazenda. E, para o restante da imensidão verde, Seu Milton buscou a desapropriação do governo, que lhe pagasse um valor reduzido por parte das terras e as doasse aos posseiros.

"Estabeleci um relacionamento próximo com os representantes do Incra no Pará. Foi um processo longo, mas, ao final, consegui vender a parte invadida da fazenda para o Incra e ficar com os 2.500 hectares que tinha cercado." Seu Milton acabou se tornando um herói para os posseiros por ter conseguido a desapropriação. Ele fez, nos anos 1970-1980 (a história acabou mesmo por volta de 2001), uma operação ganha-ganha-ganha, já que as três partes envolvi-

45

das saíram satisfeitas — os ex-proprietários, ele e os sem-terra. Uma lição que teve influência sobre o filho.

POSITIVIDADE

Os aprendizados de Humberto com Seu Milton não foram só sobre risco e oportunidade, sobre ver solução e não problema, sobre a relevância de ter rapidez, coragem, disposição de negociar, sobre o ganha-ganha-ganha. Ou ainda sobre a importância de trabalhar duro e com a família. O pai ainda moldou no filho três comportamentos.

O primeiro é o de nunca ficar se lamentando pelo que aconteceu. "Meu pai era duro, mas sempre positivo. Lembro de uma vez que o Marcos foi em direção ao meu pai com cara de quem ia se queixar de algo. Meu pai bateu no ombro dele antes que soltasse a reclamação e disse 'Meu filho, vai dar tudo certo'. Deu as costas e seguiu em frente. Isso me marcou", conta Humberto, que até hoje foge de gente negativa, que não sabe ver oportunidades nos problemas.

O segundo comportamento com origem no Seu Milton é o de ver os fracassos como aprendizado. O Grupo Inpar teve uma empresa que faliu, a Agrocampo. Em vez de lamentar, a família tratou de vender alguns negócios para pagar as dívidas, incluindo a fazenda tão querida do Seu Milton, e seguir em frente. O pai deu o exemplo: aprendeu com o erro e foi recomeçar a vida no norte do Brasil.

O terceiro comportamento é levar a sério a conversa à toa. Serve para negociar, gera conexão, constrói confiança. Humberto é muito objetivo, mas conversa fiada ele leva tão a sério quanto o pai, como se ainda fosse o adolescente na fazenda. Esse prosear é da cultura mineira, mas também vem do Seu Milton. Até hoje, Humberto acompanha o futebol sem gostar, só para poder prosear.

> **LIÇÃO 2**
>
> Todas as pessoas precisam de modelos, profissionais e pessoais, que as inspirem e que possam seguir. Humberto teve o pai nesse papel, mas poderia ser um professor, um chefe, qualquer um. Conscientize-se de quem é o seu modelo.

CAPÍTULO 3
A FAMÍLIA

Cem novilhas — esse foi o dote que Auril Pereira deu a Milton pelo casamento com sua filha Naime. O gado deveria ser vendido pelo jovem marido para financiar a compra de 5 alqueires (um pouco mais que 20 hectares) de um terreno argiloso cm Nova Ponte. Terreno esse que, no futuro, abrigaria o primeiro negócio da família, uma cerâmica. Pode ser chocante falar em dote de noiva em pleno século 21, mas, nos anos 1950, essa era a praxe. E foi uma ajuda bem vinda pelo novo casal, pois, em poucos anos, eles seriam sete em vez de dois. O primogênito foi Ricardo, depois nasceu Humberto, e se seguiram Marcos, Milton Jr. e a menina, e caçula, Beatriz.

Formou-se uma bela irmandade, que virou mais do que família, como veremos

As primeiras férias que os Carneiro tiraram, para ir de Fusca conhecer o mar na Praia Grande, foram inesquecíveis

CAPÍTULO 3

nas próximas páginas. Porém, interrompemos a narrativa para compartilhar uma memória feliz que Humberto guarda da infância e que também explica os acontecimentos. Foi a primeira vez que ele viu o mar, aos 12 anos de idade, na Praia Grande, litoral sul de São Paulo, junto com os irmãos.

Tudo naquela viagem foi marcante. Foram as primeiras férias que a família tirou, já que todos ali viviam para trabalhar. (Humberto, ainda bem pequeno, chegou a dizer à mãe que sonhava ser filho do carroceiro que fazia frete em Nova Ponte, e não do seu pai, porque o carroceiro passeava com os filhos.)

A viagem foi uma aventura. Eram oito pessoas dentro de um fusca, como se sardinhas em lata. Eram Seu Milton, Dona Naime, uma cozinheira da família e os cinco "Carneirinhos", com idades entre 3 e 13 anos. Beatriz viajou nos pés da mãe, no assoalho à frente do banco do passageiro. Milton Jr., o menor, foi acomodado no "cochinho", aquele nicho minúsculo junto ao vidro traseiro do fusca, sobre o motor.

A família precisou se dividir. Com medo de se perder na capital paulista, que estava no meio do caminho e precisava ser atravessada,

Seu Milton contratou um taxista para indicar a direção. "Para garantir que seria pago pela corrida, o GPS humano exigiu que um de nós embarcasse junto. O escolhido foi o Ricardo, por ser o mais velho. Mas minha mãe botou na cabeça que aquele homem ia roubar o meu irmão e obrigou meu pai a colar na traseira do táxi até estarmos no outro lado da cidade", conta Humberto, entre risos.

A chegada à Praia Grande foi quase tão aventureira quanto a viagem de Fusca. Descobriram que a casa alugada por Seu Milton não existia e arranjaram às pressas uma pequena pensão onde ficar.

E o mar... ah, o mar. Nada se compara à felicidade de ver o mar e entrar na água salgada pela primeira vez — e junto com toda a família. A sensação foi tão maravilhosa para Humberto, que pode explicar por que, na idade adulta, ele desenvolveria uma ligação emocional com barcos.

O fato é que aquelas férias foram intensamente aproveitadas. E que bom que foi assim, porque foram as penúltimas. "Meu pai fez duas viagens de férias com a família. Uma foi essa, para o litoral paulista, e outra, para o sul do Brasil. E acabou."

É UMA REDE

Vivemos numa sociedade cada vez mais conectada em rede, graças ao avanço das tecnologias digitais. Uma sociedade em que os efeitos de rede estão diretamente relacionados com a geração de riqueza. Por isso, é muito importante o leitor entender que a família de Humberto, especialmente seus irmãos, representaram uma rede para seus negócios, dando-lhe, assim, uma considerável alavancagem inicial. Já citamos o conceito de efeitos de rede neste livro para descrever o movimento de solidariedade que se formou em torno de Humberto quando da morte de Carol. Explicando novamente, de um modo simplificado, uma rede pode ser traduzida por aquele grito de guerra dos "três mosqueteiros", personagens do Alexandre Dumas, quando eles apontam suas espadas para o céu: "Um por

> Um por todos e todos por um. Os irmãos de Humberto proveram uma rede para seus negócios, algo que os pais construíram intencionalmente

todos e todos por um." Por causa de cada "um", o "todos" fica mais forte. E o "todos" fortalece cada "um". A viagem no Fusca, até o mar, é outro exemplo nesse sentido.

Podemos localizar o início da rede dos Carneiro nos avós de Humberto, de ambos os lados. Os avós maternos entraram com o dote que viabilizou a primeira empresa, a cerâmica. E os avós paternos estimularam que o pai, desde muito jovem, direcionasse a criatividade e a energia acima da média que possuía para o trabalho. "Sempre que podia, meu pai me acompanhava no que eu ia fazer e, quando chegava de alguma viagem de transportar gado a cavalo, a qualquer hora da noite, minha mãe levantava para me dar o que comer", diz Seu Milton. Sua filosofia de vida também veio por essa via: "A liberdade de alguém é do tamanho do seu bolso."

Porém, a criação dada por Dona Naime e Seu Milton é que foi crucial para a rede dos Carneiro tracionar. Dona Naime entrou com o

> A filosofia de vida do Seu Milton, que ele aprendera com os pais, era: "A liberdade de alguém é do tamanho do seu bolso"

CAPÍTULO 3

amor e a harmonia, além das cobranças; várias vezes interferiu para que os irmãos não brigassem, recordou repetidamente que a força estava na união deles.

A mãe também promoveu um convívio de iguais entre Beatriz e os meninos, a fim de que a filha ganhasse "casca dura" para a vida e se tornasse tão forte quanto os irmãos. Ela nunca teve nenhuma regalia ou foi poupada de algum fardo pelo fato de ser mulher. Os irmãos nunca a trataram como alguém mais frágil. "Sou grata à minha mãe e ao meu pai por nunca terem me diferenciado dos meus irmãos. Os direitos e as exigências eram exatamente os mesmos e o rigor da criação também", afirma Beatriz, que foi emancipada legalmente aos 14 anos de idade.

Seu Milton entrou com a rigidez. "Eu sabia que, como eles tinham tudo de que precisavam, era fácil caírem na bandalheira. Então, fui duro para ensiná-los a trabalhar e a serem honestos." Os mais velhos, Ricardo, Humberto e Marcos, por exemplo, acordavam todos os dias às 5 da manhã.

O pai ainda contribuiu com a bússola moral da prole. "Sempre avisei: se saírem da linha e acabarem presos, não vou tirar ninguém da cadeia; fiquem longe de confusão. Mas dizia também que, se alguém lhes desse um tapa, deviam bater de volta, fazendo todos saberem que, com eles, tem troco."

Tudo que Dona Naime e Seu Milton queriam era que Humberto e os irmãos andassem com as próprias pernas. Só que trabalharam para que cada par de pernas pudesse ter mais oito pernas caminhando a seu lado.

MAS CADA UM É CADA UM

Existe a rede, mas cada um é cada um.

Milton Jr. é, possivelmente, quem tem mais clareza sobre a rede de irmãos. Por ser o mais novo entre os homens, e ainda uma criança quando os pais se separaram, sempre teve os irmãos mais velhos como referência enquanto crescia, e aprendeu a observá-los. Ele também é uma espécie de síntese familiar: possui o senso de justiça do pai e o temperamento sensato, ponderado, do avô materno, o do dote. Também é Milton Jr. quem tem mais clareza sobre quem é quem na família em termos individuais.

O quinteto original evoluiu, estabilizando-se como um trio: Humberto, Beatriz e Mil-

CAPÍTULO 3

ton Jr.. Ricardo e Marcos trilharam o próprio caminho.

Ricardo, como Milton Jr. explica, foi o primeiro líder da concessionária Fiat. Só que Ricardo pensava diferente de Humberto sobre o rumo a dar aos negócios, e preferiu seguir sozinho, abraçando a paixão pela agropecuária. Ele ficou com a Fazenda Soledade só para si — Dona Naime abriu mão de sua parte para não deixar que discussões sobre dinheiro acabassem com a paz entre os filhos — e virou referência nacional no desenvolvimento da raça de gado Senepol, o que é um orgulho familiar.

> O irmão Milton Jr., ponderado como o avô materno, era o ponto de equilíbrio da gestão familiar: mediava os conflitos de negócios entre Humberto e Beatriz

Marcos é menos afeito aos negócios. Ficou um tempo trabalhando em empresas do grupo, mas nem sempre com os melhores resultados. Nas discussões empresariais com os irmãos, preferia o bom humor. E se valeu de sua alta capacidade de se relacionar dentro e fora da família para dar vazão a seu espírito livre. Teve

A ARTE DO DESAPEGO

a coragem de fazer escolhas que, inclusive, colocaram o dinheiro em segundo plano.

A rede passou a ser formada, portanto, por Humberto, Milton Júnior e Beatriz. E, com ela, os negócios, que começaram com a concessionária, evoluíram para um grupo diversificado, como veremos adiante. Os papéis se definiram de acordo com a personalidade de cada um.

Humberto é o mais empreendedor de todos, o grande líder dos irmãos Carneiro, competitivo, sempre inspirado pelos maiores players das atividades em que entra. "Ele é aquele que queima todos os navios", resume Milton Jr., fazendo menção à história do conquistador espanhol Hernán Cortez, que, para garantir que seus homens colonizassem a América, tornou impossível a volta deles para a Espanha, ateando fogo nas embarcações. "Humberto é capaz de arriscar tudo. Mas se der errado, o que dificilmente acontece, não há dúvidas de que ele reconstrói tudo novamente", diz Milton Jr..

Humberto queima os navios. É capaz de arriscar tudo. Mas, se der errado, não há dúvidas de que ele reconstrói tudo

CAPÍTULO 3

Embora o irmão mais jovem deixe transparecer toda a sua admiração pelo irmão empreendedor, ele não poupa Humberto das críticas. "Sempre foi ansioso, querendo conquistar mais e mais. Isso o deixa mais impaciente. E, com a impaciência, ele se torna extremamente direto em suas colocações às pessoas, lhes diz coisas sem pensar. Por consequência, muitos o amam e muitos o odeiam."

Já Beatriz é descrita por Milton Jr. como detalhista, organizada e apaixonada por números. E também como a mais conservadora dos irmãos. "Ela sentava no caixa e não tinha ninguém que a fizesse mudar de ideia", analisa. Para ilustrar, lembra de um episódio já na Policard, fundada em 1995. "Estávamos comprando uma frota de veículos para a equipe de vendas e ela mandou tirar o ar-condicionado para reduzir o valor total, porque aquele não era o valor orçado. Não estava na previsão. Então, Beatriz nem quis ouvir que os vendedores iam trabalhar em regiões extremamente quentes."

A única menina dos Carneiro brilharia muito longe dos irmãos também. Participante assídua de conselhos de várias instituições

57

A ARTE DO DESAPEGO

financeiras, tornou-se a única mulher no conselho da Câmara Interbancária de Pagamentos (CIP), organização responsável pela parte de infraestrutura de pagamento dos 37 principais bancos brasileiros.

A si mesmo, Milton Jr. define como o tipo que prefere ser feliz a ter razão. Ele não quer viver em velocidade máxima, como os outros dois. Seu papel sempre foi o de um mediador entre Humberto e Beatriz, de transformar suas divergências em complementaridades. Como um fã de automobilismo, Milton Jr. usa a metáfora de um carro para explicar: "Humberto é o acelerador, Beatriz, o freio, e eu, a embreagem."

Vale adicionar que, assim como toda rede que desempenha bem predefine uma pessoa que dá a última palavra, isso ocorria também na rede dos Carneiro. Ali a pessoa da palavra final era Humberto, especialmente nas grandes decisões. Inclusive porque Humberto foi aumentando sua participação e já era o sócio majoritário do Grupo Inpar.

A rede dos irmãos resistiu por quase 20 anos, passou por muitos negócios; só começou a se desfazer mesmo com a Policard, a partir de 1995. Humberto decidiu concentrar

CAPÍTULO 3

ali todas as apostas, o que mais tarde se mostrou uma decisão acertada, e foi onde Beatriz e Milton Jr. desconfiaram. Beatriz até continuou acompanhando Humberto, mas com receio quanto ao futuro da

> Humberto foi o acelerador dos negócios, Beatriz, o freio e Milton Jr., a embreagem

empreitada na área de cartões e diversificando seus investimentos. Milton Júnior ficou perto, mas reduzindo a participação na sociedade; ele investiu em terras e outros empreendimentos.

Em 2019, Humberto, Beatriz e Milton Jr. ainda eram sócios em alguns negócios. Isso significa que alguma versão da rede, uma suficiente para fortalecer seus participantes, continuava a existir.

OS FATORES DE SUCESSO

Identificamos três fatores críticos de sucesso (essa é uma terminologia da gestão) para que a estratégia de formar rede desejada por Dona Naime e Seu Milton virasse realidade. Uma foi o pai ter sido presente do ponto de vista da construção de valores, mas ausente na criação cotidiana. Isso fez com que os meninos tivessem de recorrer uns aos outros. Milton Jr. tem plena consciência disso: "Ricardo me ensinou a dirigir, Humberto me levou pela primeira vez ao cinema, Marcos, a um autódromo, que viraria a minha paixão", lembra, entre outros exemplos.

O segundo ponto foi que Seu Milton colocou os filhos desde cedo para trabalhar juntos, no Armazém Estrela, um comércio que teve em Uberlândia na época em que trabalhou com o prefeito Virgílio Galassi, inicialmente como diretor do Departamento Municipal de Água e Esgoto (Dmae) e, depois, como secretário municipal de Trânsito e Transportes. Mais tarde, quando apareceu a oportunidade de a família abrir a primeira concessionária Fiat do Brasil, eles já estavam acostumados a trabalhar juntos. Além disso, o pai lhes deu total autonomia com os carros — ele seguiu cuidando das fazendas.

O terceiro motivo está ligado ao final do casamento de Dona Naime e Seu Milton. Não foi um final feliz – Seu Milton teve um relacionamento extraconjugal, engravidou a amante e Dona Naime exigiu que fosse embora de casa. Isso fez com que os irmãos Carneiro, ainda adolescentes, naturalmente se unissem, entre si e em torno da mãe.

CAPÍTULO 3

O modo como pai e mãe trataram a divisão do patrimônio também favoreceu o espírito de rede colaborativa. Seu Milton abriu mão de todos os bens em nome dos filhos e Dona Naime incluiu o que ela herdara dos pais. Então, tudo foi dividido igualmente entre os cinco filhos. O fato de Ricardo e Humberto estarem à frente dos negócios familiares não lhes deu nenhum privilégio.

Pelo acordo, os filhos ainda se responsabilizaram em garantir, com contribuições iguais, que Dona Naime receba um valor fixo mensal atualizado de acordo com o salário mínimo para arcar com suas despesas. Os irmãos sustentarão a mãe, juntos, pelo resto de sua vida.

A família foi a primeira rede de Humberto. Uma rede informal à qual, mais tarde, outras pessoas importantes iriam aderir.

> **LIÇÃO 3**
>
> Você é tão forte quanto o elo mais fraco de sua rede. Por isso, atuar em uma rede de pessoas fortes é fundamental — e a rede familiar pode ser particularmente forte, como no caso de Humberto.

CAPÍTULO 4

MONZA, A FÓRMULA 1

O autódromo italiano de Monza é um dos circuitos de automobilismo mais tradicionais no mundo. Localizado ao norte de Milão, é famoso principalmente por receber o Grande Prêmio da Itália de Fórmula 1, quase anualmente, desde 1922, quando foi inaugurado. Tem a pista mais veloz da Europa e é um lugar querido dos pilotos brasileiros: Ayrton Senna foi campeão lá duas vezes, em 1990 e 1992; Rubens Barrichello venceu em 2002, 2004 e 2009; Nelson Piquet, em 1983, 1986 e 1987; Emerson Fittipaldi, em 1972. Pensando nos anos 2010, o inglês Lewis Hamilton triunfou lá em 2012, 2014, 2015, 2017 e 2018.

Esse circuito italiano possui uma peculiaridade. Ele é rápido assim — em 2018, a velocidade média de Hamilton em suas voltas foi de

CAPÍTULO 4

264,3 quilômetros por hora —, porque tem retas muito longas; os pilotos conseguem manter o pé afundado no acelerador durante mais da metade de cada volta. Isso faz com que o maior desafio de Monza não seja ao piloto e, sim, ao carro. Contam menos as habilidades de direção e mais a potência do motor. Isso faz com que Monza seja, portanto, um nome particularmente adequado a um negócio de carros — sobretudo, um ligado a uma marca automobilística italiana.

A concessionária Monza, de Uberlândia, foi a primeira revendedora da montadora Fiat no Brasil e o primeiro grande negócio da família Carneiro. Foi fruto de uma iniciativa de Dona Naime, a mãe de Humberto, por conta de um relacionamento de décadas que o casal Carneiro mantinha com Rondon Pacheco, o político do Triângulo Mineiro de maior projeção em todos os tempos — que hoje batiza uma importante avenida uberlandense.

Seu Milton conheceu Rondon na década de 1950. Na época, o primeiro era um negociador de gado que logo se tornaria vereador em Nova Ponte, enquanto o segundo se

A ARTE DO DESAPEGO

candidatava a deputado estadual. Os dois ficariam bons amigos, próximos a ponto de Rondon se hospedar na casa dos Carneiro sempre que passava por Nova Ponte em campanha, ficando aos cuidados da anfitriã Dona Naime.

Seu Milton ajudava Rondon na administração das propriedades no Triângulo Mineiro, e os dois chegaram a ser sócios numa fazenda em Crixás, interior de Goiás.

Depois do empreendedorismo maternal de Dona Naime, a Monza Veículos foi inaugurada em tempo recorde, em 1976, só cinco meses depois da fábrica

Prestes a ser nomeado governador de Minas Gerais pelo governo Médici, Rondon Pacheco (1971-1975) conseguiu o feito que o consagraria do ponto de vista socioeconômico: trouxe a primeira fábrica latino-americana da Fiat para território mineiro. O Brasil até podia ser o destino óbvio para multinacionais que queriam ganhar as Américas, mas Minas Gerais não era. Rondon negociou diretamente com o principal acionista e lendário presidente da Fiat, Gianni Agnelli, e atraiu o investimento que geraria milhares de

CAPÍTULO 4

empregos em Betim e entorno. A negociação foi tão rápida quanto uma reta de Monza: os papéis estavam assinados antes de Rondon tomar posse no Palácio da Liberdade, em Belo Horizonte. A fábrica começaria a ser construída em 1973.

A família Carneiro nem imaginava que seria impactada pelo feito do amigo, o que só aconteceu graças ao empreendedorismo maternal de Dona Naime. Rondon, recém-chegado da viagem à Itália, lhe contou em primeira mão que selara o negócio milionário — o acordo só sairia na imprensa dias mais tarde — e ela perguntou se a família poderia ter uma revenda dos carros em Uberlândia. "Eu disse que nunca havia pedido nada em benefício próprio, mas que, se possível, gostaria que nos concedesse o direito à concessionária Fiat em Uberlândia", relembra Dona Naime. "Expliquei que, como mãe, me preocupava em garantir emprego e renda para os meus meninos, algo que fosse além das opções do trabalho rural." Rondon endereçou o pedido à matriz e entregou à família Carneiro a concessão. Mas o direito de abrir o negócio era só a primeira parte da empreitada. A parte difícil viria a seguir.

UM CARRO-ENCERADEIRA

Se você achava que a dona de casa Naime era apenas uma coadjuvante entre os Carneiro, enganou-se redondamente. Ela não só teve a ideia da concessionária Fiat, como foi determinante em sua implementação. Com uma veia empreendedora surpreendente, e um gesto de desapego, ela se dispôs a abrir mão de parte da herança que recebeu dos pais, a Fazenda Soledade, para que se levantasse o dinheiro necessário ao financiamento da empreitada.

A Monza Veículos foi inaugurada em tempo recorde, antes mesmo da concessionária da capital, apesar de a sede da montadora ficar na Grande BH, no município de Betim. A fábrica começou a operar em agosto de 1976 e a Monza, em dezembro. Os Carneiro entraram no negócio de corpo e alma — até a namorada e futura esposa de Humberto, Norah, foi trabalhar lá. Ergueram um prédio moderno num terreno de 6.800 m² às margens da BR-365, bem localizado em frente à novíssima rodoviária de Uberlândia.

O empreendimento era arriscado. Não só pelo fato de a Fiat ser uma marca desconhecida

CAPÍTULO 4

dos brasileiros, como também porque iniciaria vendendo um único produto, o Fiat 147. Um carrinho logo batizado de "enceradeira", tanto pelo tamanho pequeno e a forma quadrada quanto pelo barulho que o motor fazia. Os consumidores nacionais estavam acostumados com os veículos bem mais pesados dos concorrentes, os norte-americanos e o alemão, líderes absolutos do mercado brasileiro nos anos 1970.

> A marca Fiat era desconhecida no Brasil; construí-la enquanto vendia carros foi desafio do ainda adolescente Humberto

Os três filhos mais velhos trataram de mergulhar no mercado de automóveis, do qual a família não conhecia absolutamente nada: Ricardo, aos 19 anos, Humberto, aos 17, e Marcos, aos 15. O primogênito assumiu como uma espécie de gerente geral. A Humberto coube comandar vendas e marketing. E Marcos foi cuidar do setor de peças.

UMA ESCOLA DE NEGÓCIOS

A Monza se tornaria a grande escola de negócios de Humberto. Desde o desenvolvimento

A ARTE DO DESAPEGO

das competências comerciais e a habilidade de negociar, até as habilidades políticas que o tornariam o presidente da Associação Brasileira dos Concessionários Fiat.

O aprendizado inicial de Humberto se concentrou em sua função, que era a de vendedor. Imagine um adolescente negociando um carro. E não qualquer carro, mas um modelo totalmente novo de uma marca desconhecida. E não qualquer mercado, mas o Brasil, onde quem tinha dinheiro comprava veículos maiores das marcas concorrentes, e quem não tinha sofria com a falta de crédito generalizada. Vendendo carros novos e usados na Monza Veículos, Humberto se especializou em encantar o cliente — lembra que ele acompanha futebol mesmo sem gostar muito, só para prosear?

> Em 1984, com a lei de incentivo fiscal para carros populares, em especial os de motor 1.0, o Uno Mille começou a ter fila de espera para comprar

A Fiat só daria um salto em meados dos anos 1980, quando lançou o Uno Mille, o úni-

CAPÍTULO 4

co veículo do país equipado com motor de mil cilindradas. E foi a hora de Humberto fazer um intensivo em estratégia e em marketing. Em 1984, o Uno Mille foi o primeiro carro popular do Brasil, vendido abaixo do equivalente a US$7,5 mil, viabilizado por uma lei de incentivo fiscal para veículos populares. Só a Fiat tinha um produto que se enquadrava na descrição governamental, especialmente pelo motor 1.0; era o único que podia usar o argumento de marketing de "carro popular". E, como levava pelo menos dois anos para desenvolver um novo motor, na prática, a Fiat teve exclusividade nesse mercado por 24 meses. "Imagine você ter um produto sem concorrente por todo esse tempo; foi o paraíso do marketing. E foi uma estratégia muito inteligente dos italianos, da qual nós nos beneficiamos", comenta Humberto. A estratégia que deu vantagem aos italianos teria sido construída por eles nos bastidores, com a influência de pessoas muito próximas ao governo do então presidente Fernando Collor de Mello, que tinham concessionárias Fiat na época. No século XXI, seria difícil fazer isso porque o ciclo de desenvolvimento de um novo modelo de carro é de seis meses ou menos.

O Uno Mille fez valer a pena ter enfrentado todas as dificuldades com o Fiat 147 e compensou todos os riscos corridos por conta do pioneirismo; era o sonho de qualquer empresário. Havia filas de espera para comprar o carro mais barato do Brasil. Em certo momento, ele até passou a ser vendido com ágio no mercado paralelo, um ágio de até US$3 mil — e mesmo assim ainda era competitivo perante a concorrência.

A escola para Humberto, então, foi a da inovação, em modelo de negócio e em serviços, já que não houve limites para a criatividade da Fiat. Como não conseguia atender à demanda gigantesca, a montadora criou o "Mile online", uma reserva virtual numa época em que nem se cogitava algo como a internet comercial de hoje. Metade do valor do carro era depositado no Banco Fiat para garantir a compra, e o restante, pago contra a entrega.

UM MBA DE LIDERANÇA

O grande modelo de líder empresarial do século XX foi Jack Welch, um executivo "cowboy" que comandou a General Electric de 1981 a 2001 e fez seu valor de mercado aumentar de

CAPÍTULO 4

US$12 bilhões para US$410 bilhões nesse período. Obviamente, as proporções são outras, e Humberto nem conhecia o caso da GE a fundo, mas o empreendedor da família Carneiro foi ganhando espaço de liderança na Monza Veículos aplicando princípios bem parecidos com os de Welch. Ambos acham que líder é quem tem coragem para transformar coisas pequenas em grandes: Humberto chama isso de "firmeza" e "ousadia"; Welch usa o termo *"guts"*. A franqueza, que caracteriza Humberto em todo este livro, é irmã gêmea da franqueza de Welch: em sua carreira, o norte-americano chegou a ser advertido por excesso de *candor*, do mesmo modo que, no Brasil, muita gente é acusada de "sincericídio". Mas não recuou.

> Na Monza, Humberto desenvolveu a ideia que aperfeiçoaria com o tempo: "dividir interesses para multiplicar resultados"

Welch dizia e repetia que cabe ao líder energizar as pessoas — funcionários, fornecedores, parceiros — para os negócios crescerem. E Humberto? Ele fala em "dividir interesses para multiplicar resultados". Outra coincidência: ambos preferem ambientes de trabalho mais informais, com poucas regras, e simplificam tudo que conseguem, sabedores de que essas coisas aumentam os níveis de energia. Uma regra de ouro que encontramos nos dois é a de olhar para as mudanças sempre como oportunidades — olhar como ameaças faz a energia minguar, inclusive. Os dois captaram muito bem o valor de agir com rapidez: velocidade é um gerador de energia, como Humberto já havia aprendido com a agilidade do pai e com a própria inauguração em tempo recorde da Monza Veículos. Sobretudo, Humberto entendeu que não podia deixar nunca de se divertir no trabalho e ter bom humor. Essa diversão é questão de vida ou morte para um líder sustentável, na opinião de Welch.

> **Humberto entendeu que precisava se divertir no trabalho, ter bom humor, ou não duraria muito como líder**

Com esse espírito welchiano, Humberto foi assumindo aos poucos, e naturalmente, a direção geral da Monza Veículos. Ricardo e ele tinham um bom relacionamento, mas pensavam

CAPÍTULO 4

muito diferente sobre os negócios. Humberto sempre queria arriscar mais para crescer, como Welch, enquanto Ricardo preferia um ritmo mais lento e seguro. Até que chegou o dia em que os dois concordaram em fazer a passagem do bastão oficialmente, e Ricardo vendeu aos irmãos sua parte no negócio e foi criar gado, como contamos. A essa altura, os irmãos mais novos, Milton Jr. e Beatriz, já trabalhavam na Monza e seguiram em frente com Humberto, na concessionária e nas várias empresas menores que foram surgindo em torno dela, como veremos no próximo capítulo.

Humberto conseguiu formar, com Beatriz e Milton Jr., uma equipe de liderança para a Monza — um modo coletivo de liderar que é considerado o que há de mais avançado na era digital. Beatriz era muito hábil no controle das finanças desde sua chegada, apesar de ter apenas 19 anos (desde antes, pois ela vinha trabalhando em paralelo com os estudos, nos finais de semana e férias). Milton Jr. garantia o funcionamento eficaz do sistema de pesos e contrapesos entre o arrojo do irmão e a prudência da irmã; e Humberto, além de promover a energização geral, dava a palavra final.

Assim, logo Humberto passou para a próxima, e ainda mais desafiadora, fase de sua formação como líder de negócios: a liderança setorial. Ele se pôs a desenvolver as habilidades políticas como líder nacional dos concessionários Fiat. Candidatou-se e foi eleito presidente da Associação de Concessionários Fiat do Brasil (Abracaf) em 1995, aos 35 anos.

Rapidamente, Humberto descobriu que liderança importa mesmo é na dificuldade. Os italianos da Fiat naquela época criavam muita dificuldade, como ele se deu conta. "Arrancavam o que podiam dos concessionários", diz. Impunham uma lógica perversa à linha de frente da cadeia automobilística, vulnerabilizando os revendedores.

Todo modelo de negócio parece uma equação matemática e, de certa forma, é de fato uma equação, como explica o ex-presidente da Abracaf. Para uma montadora de automóveis, a equação naquela época era 15-35-35-15. Os primeiros 15% de qualquer rede tinham de ser concessionários que só perdiam dinheiro — apresentavam prejuízos recorrentes e mudavam de dono com frequência por não serem sustentáveis. Os primeiros 35% eram os

CAPÍTULO 4

que mais perdiam do que ganhavam, mas às vezes ganhavam. Os segundos 35% mais ganhavam do que perdiam e os últimos 15% sempre ganhavam. A equação funcionava razoavelmente bem em tempos de bonança, porque até os concessionários que não ganhavam dinheiro conseguiam ao menos movimentá-lo. Mas, quando uma crise afetava as vendas, a equação sempre pendia negativamente para os concessionários de maneira geral.

> **Quando Humberto assumiu a presidência da Abracaf, a associação brasileira dos concessionários Fiat. ele não sabia ainda o tamanho das brigas que teria de comprar com os italianos**

Quando assumiu a presidência da Abracaf, o jovem empresário Humberto estava disposto a liderar, e a energizar, os colegas com independência em relação à montadora, mesmo que batesse de frente com a liderança da Fiat do Brasil, como de fato aconteceu. Ele só não tinha ideia do tamanho das brigas que seria obrigado a comprar.

Essa fase da vida é considerada por Humberto um MBA (o mestrado profissional) de liderança e de negociação. "Eu pedia agenda com o presidente da Fiat em Betim, Pacífico Paoli, e ele mandava dizer que não iria me receber. Eu ia mesmo assim à sede e ficava na recepção o tempo que fosse necessário até ele me atender", descreve. As brigas dos dois são descritas como homéricas e tinham motivos variados.

A Fiat empurrava às concessionárias o importado Alfa Romeo para receberem mais Unos Mille

Certa vez, o desacordo foi porque a Fiat aproveitou o boom do Uno Mille para empurrar o importado Alfa Romeo 164 aos concessionários, praticamente obrigando-os a vendê-lo. A Fiat prometia 40 Unos Mille a mais a cada Alfa Romeo que fosse aceito, sendo que os Unos Milles eram muito desejados, dada a escassez desses carros", explica Humberto. A vantagem do carro popular se neutralizava dessa maneira.

Outra vez, a discussão se deu porque o sucesso do Uno Mille era aproveitado mais pela montadora do que pelos concessionários. Isso, porque o financiamento acontecia por meio do Banco Fiat, que captava a metade do valor do

CAPÍTULO 4

carro como antecipação de pagamento com o objetivo de garantir o recebimento futuro do veículo. Apesar de esse dinheiro pertencer aos concessionários, o ganho em juros e correção monetária sobre o montante (alto numa época de inflação alta) ficava inteiramente com a montadora. "Essa foi uma das maiores brigas que tivemos. Contratei os melhores advogados do país para a Abracaf e eles fizeram um parecer jurídico segundo o qual a Fiat devia nos devolver mais de 90 milhões de dólares", detalha Humberto. De posse do parecer, ele notificou a montadora de que ela deveria repassar a quantia em até 24 horas. "Foi tenso, mas eles não tinham como se negar a fazer isso."

Mais uma discussão, recorrente, acontecia porque, quando havia muita demanda, a Fiat deixava faltar carros para as concessionárias. Quando havia pouca demanda, e os estoques eram grandes, a Fiat obrigava os concessionários a comprar mais carros. Não havia trégua na relação. "Lembro um dia em que cheguei na Monza, que já tinha 200 carros parados no pátio, e vi, do outro lado da rodovia, caminhões-cegonha descarregando mais 100 carros que eu não havia pedido", descreve Humberto.

A ARTE DO DESAPEGO

Aparentemente, a Fiat não conhecia a regra de dividir interesses para multiplicar resultados. "Quando comecei a devolver carros, a Monza foi retaliada." Com as revendas sem poder era ainda pior.

Chegou um ano em que os concessionários registraram um prejuízo de US$1 bilhão, em números aproximados, enquanto a montadora tinha um lucro de US$1 bilhão. Humberto e dois membros da diretoria, Flávio Meneghetti e Carlos Fachini, concluíram que não existia mais espaço para o diálogo com Paoli e decidiram acionar o presidente mundial, Gianni Agnelli. Os três assinaram e lhe enviaram uma carta de oito páginas explicando a situação e informando que a relação com o representante local da empresa era insustentável. A carta vazou para a imprensa.

Certamente esse foi um dos momentos mais tensos da carreira do empresário. A resposta, que demorou 45 dias para vir, foi: "Os problemas do Brasil se resolvem no Brasil." Era um pesado jogo de forças. Humberto decidiu apostar ainda mais alto, e enviou uma segunda carta a Agnelli, também enxuta e também com alguma ameaça velada: "Agradeço a reabertura das negociações. Solicito audiência, e nossos interlocutores serão Ives Gandra Martins, Ozires Lopes Filho e Oscar Dias Correa." Eram, respectivamente, um dos maiores juristas brasileiros, o ex-diretor do Cade (Conselho Administrativo de Defesa Econômica) e o ex-chefe da Receita Federal. Passaram-se poucos dias até demitirem Paoli.

FELIZES, MAS NÃO TEM QUE SER PARA SEMPRE

A mudança no comando da montadora no Brasil não significaria, no entanto, tempos de paz. Como a dependência em relação à montadora era total e as margens do negócio, apertadas, logo chegaria a hora de sair do ramo. Mas, olhando para essa época, Humberto percebe o quanto aprendeu e se divertiu — até trote nos amigos imitando Paoli ele deu.

> **LIÇÃO 4**
>
> Todo negócio traz oportunidades de aprender e estas devem ser aproveitadas, sempre que possível com diversão junto. Humberto aproveitou cada uma delas, até além das fronteiras da Monza.

CAPÍTULO 5

DIVERSIDADE VS. FOCO

Quando, há 200 anos, o economista francês Jean-Baptiste Say criou a palavra "entrepreneur", que a língua portuguesa traduziu como "empreendedor", essa palavra identificava alguém que perturba e desorganiza o mercado. Só bem mais tarde, em 1942, outro economista, o austríaco Joseph Schumpeter, descreveu o processo mais seriamente, como "destruição que cria". O empreendedor é, primeiramente, um destruidor — ele joga fora o que ficou velho, ou obsoleto — e, depois, um criador — ele põe algo novo para funcionar. E faz isso geralmente movido a paixão, baseado na identificação de oportunidades e com foco total, ao menos por um tempo.

Veja, por exemplo, alguém que empreenda no ramo de chocolates. Apaixonado pelo produto — talvez até seja um chocólatra —,

CAPÍTULO 5

percebe que as empresas estabelecidas estão velhas ao praticarem preços elevados demais — um quilo de bombom fino é mais de 10 vezes o valor do quilo de chocolate em barra utilizado para produzi-lo, o que significa que aquilo comprado por 10 se vende por 100, com uma margem absurda. Então, esse empreendedor pensa: se eu comprar por 10 e vender por 20, já será um ótimo negócio. E coloca todo o seu foco em fazer isso.

Crescer, para esse empreendedor, é crescer com chocolate, portanto. Em pouco tempo, ele já tem duas marcas — uma para venda porta em porta, outra para vender a supermercados, padarias, faculdades, restaurantes por quilo e varejo em geral. E, mais à frente, abre lojas em shopping centers.

Esse homem do chocolate é o empreendedor "raiz", que se dedica a fazer uma única coisa de cada vez. Ele pode ter um novo negócio, mas após muito tempo, e geralmente depois de vender o anterior. Humberto Carneiro tem algumas características desse empreendedor, como a de desapegar, que é uma forma de destruir, mas ele nunca teve tamanho foco. No caso da Monza Veículos, pressentia que a gali-

81

nha dos ovos de ouro não duraria para sempre — de fato, vendeu-a em 1998, no ano em que foi premiada como a melhor concessionária do Brasil. Fazia outras apostas em paralelo, diversificando o capital como faz um investidor para minimizar riscos. Se havia uma galinha botando ovos de ouro, os ovos deviam ir em várias cestas como faz um bom empresário, em vez de se tornarem ovos de chocolate de um empreendedor. Aliás, voltando ao receituário de Jack Welch, e desconsiderando as proporções, ele fez a GE passar de uma empresa somente industrial que vendia US$25 bilhões anuais para um conglomerado atuante em múltiplos segmentos com faturamento de US$130 bilhões por ano.

Humberto talvez seja mais bem definido como um empresário-empreendedor. E foram muitas as suas apostas. Em 1994, sob sua liderança, o Grupo Inpar — a família pronuncia "ímpar" —, funcionava como uma espécie de holding, com perto de 30 empresas. Incluía um concessionário Chevrolet além da Fiat; englobava consórcio de automóveis, factoring, uma locadora de veículos sobre a qual falaremos em breve, fazendas e aquela cerâmica de Nova Ponte, entre outras. Humberto não desprezava nenhuma oportunidade que lhe aparecesse, mesmo se não tivesse nada a ver com o mercado de automóveis diretamente. E podia tanto ser uma empresa madura, pronta para adquirir, como uma ideia de negócio para levantar do chão, como a Monza.

CAPITALISMO DE LAÇOS EM VERSÃO REGIONAL

Uma pesquisa de 2005 do professor Sérgio Lazzarini, do Insper, identificou o modelo de capitalismo então hegemônico no Brasil: o capitalismo de laços. Em 2010, ele escreveu um livro homônimo sobre isso e, cm 2018, lançou uma edição atualizada.

Trata-se de um sistema capitalista que se organiza em torno de grandes grupos privados (geralmente familiares e muitas vezes associados a entidades governamentais como o BNDES e os fundos de pensão de estatais), que possuem participação conjunta em um grande número de empresas e, assim, promovem uma certa coordenação da economia em vez de deixá-la à mercê do mercado — algo parecido com o que ocorria na Europa continental entre o fim do século XIX e o início do século XX.

É um modelo que tem desvantagens, como reduzir a competição e, portanto, reduzir a qualidade de produtos e processos, a produtividade e a competitividade, mas traz duas vantagens — junção de recursos e redução de risco — que são cruciais em condições de infraestrutura deficiente e crédito escasso.

Sem detalhar muito, podemos dizer que Lazzarini enxerga, nesse capitalismo de laços brasileiros, aspectos tanto positivos quanto negativos, e chama a atenção para que o modelo seja aperfeiçoado, com os excessos reduzidos, os fatores positivos amplificados, e os riscos, mitigados.

> Humberto adquiriu a software house Polidata para dar tração a seu Plano 50 de financiar os carros, mas acertou no que não viu: um sistema de crédito corporativo a funcionários

O modelo de capitalismo de laços que impera no Brasil, apoiado no princípio da diversificação dos negócios a partir do mesmo capital, talvez não seja uma exclusividade de grandes grupos privados nacionais. Ele parece ser espelhado regionalmente em alguma medida, como pode ser observado no

CAPÍTULO 5

caso das redes ligadas a Humberto Carneiro, e os laços com a família e parceiros como uma montadora automobilística ou uma franqueadora de locadoras de automóveis. Não à toa, o Grupo Inpar sempre foi muito respeitado regionalmente, mesmo sendo pouco relevante em termos econômicos com suas empresas pequenas. Os almoços para dez pessoas preparados em casa por Norah, então casada com Humberto, não deixavam de ser uma manifestação regional do capitalismo de laços; neles, os convidados falavam de negócios e fortaleciam seus laços.

SOFTWARE NO PORTFÓLIO

Humberto reconhecia um bom potencial de crescimento especialmente no consórcio de automóveis e na factoring, mas sabia que, para escalar as duas operações, que ainda contavam com controles manuais, era necessário ter sistemas de informática próprios. Então, o empresário-empreendedor trouxe para o portfólio de empresas a Polidata, uma pequena fábrica de software cujo principal produto era um sistema que controlava as transações entre funcionários da empresa e o comércio local por meio de um modelo de crédito que substituía a necessidade de antecipação salarial em dinheiro vivo.

Para Humberto, foi mais ou menos uma surpresa saber que o principal cliente da Polidata era o Grupo Algar. "Só me inteirei sobre o serviço prestado à Algar quando já estava dentro da Polidata. Como nossas empresas também demandavam soluções de crédito para que os funcionários consumissem no comércio, vi que o volume já era significativo e ainda poderia aumentar muito. Se além das nossas empresas e da Algar, conseguisse a prefeitura de Uberlândia, por exemplo, teríamos um bom negócio nas mãos", recorda-se ele. Ali, Humberto vivia um de seus momentos de foco, em que o empreendedor falava mais alto do que o empresário.

OS "CARTÕES DE CRÉDITO"

O irmão Milton Jr. se lembra bem do período que antecedeu a aquisição da Polidata. Para driblar a mão de ferro da Fiat e alavancar as vendas de veículos, os irmãos precisavam ajudar os clientes a financiar as compras, e vieram com uma inovação. "Criamos grupos, controlados por fichas, e liberávamos um carro por mês em cada grupo. A garantia de entrega do bem

CAPÍTULO 5

era da própria Monza Veículos e foi um sucesso. Em pouco mais de um mês, vendemos mais de 650 cotas", descreve Milton Jr. Os Carneiro deram a isso o nome de "Plano 50", em alusão ao número de participantes por grupo. Era o embrião de um consórcio.

O fato é que as fichas dos grupos Plano 50 precisavam passar de um controle manual a um automatizado, daí a necessidade de adquirir a Polidata. "Com a nova empresa, em especial ao ver os tais 'cartões de crédito' que substituíam a antecipação salarial, um desejo antigo do Humberto voltou à tona. Desde o início da década de 1990, meu irmão falava em atuar no sistema financeiro, porque era isso que dava dinheiro", lembra Milton Jr. Não apenas a diversidade trouxe novas oportunidades, como o faro de Humberto estava certo em relação à Polidata.

> **LIÇÃO 5**
>
> No modelo de capitalismo brasileiro, é boa ideia empreender e empresariar ao mesmo tempo, focando e diversificando ao mesmo tempo. Foi isso que Humberto descobriu e que o fez ir montando o Grupo Inpar.

CAPÍTULO 6

INTEGRANDO UMA REDE DE EXCELÊNCIA

Em 1973, uma pequena agência de locação de veículos abriu as portas no centro de Belo Horizonte. Começou com uma frota de seis fuscas comprados no crediário. Chamava--se Localiza Rent a Car, a mesma que, em 2005, fez uma oferta pública de ações e passou a ser negociada em bolsa de valores, e que, no final de 2019, antes de a pandemia da Covid-19 parar o mundo, tinha valor de mercado de cerca de R$36 bilhões. A maior rede de aluguel de carros da América Latina.

Naquela época, no entanto, a Localiza demorava para ganhar velocidade de crescimento. Isso só ocorreu quando ela implementou seu modelo de franquia, em 1979.

CAPÍTULO 6

Adivinha, leitor, que cidades abriram algumas das primeiras franquias da rede, em 1987? Se disser Uberlândia e Uberaba, você acertará. Nos dois casos, eram empreendimentos da família Carneiro. Humberto fechou o negócio direto com o fundador da Localiza, Salim Mattar, com quem mantinha relacionamento pessoal, e contratou um gerente profissional. A irmã, Beatriz, iria ser escalada para liderá-la um pouco mais tarde — ela foi a primeira mulher franqueada Localiza do país.

Assim como a concessionária Fiat tinha sido a escola de negócios de Humberto, as locadoras foram a escola de Beatriz. "Era preciso gerenciar os custos na unha para ter bom resultado. Por isso, meu primeiro ato teve de ser demitir o gerente. Numa locadora, você compra um carro por R$30 mil e ele gera uma renda de R$1 mil por mês. Parece uma gestão simples, mas é complexa, porque, nessa conta, tem que entrar a depreciação do veículo. Mas conseguimos deixar a empresa redonda", relembra a irmã caçula, que mais tarde se tornaria uma gestora financeira de sucesso.

As agências Localiza dos Carneiro cresceram muito, junto com a franqueadora. "Essa operação de Uberlândia, a cargo da Beatriz, era um brinco", confirma Salim Mattar. "Humberto e Beatriz sempre se destacaram na rede. Ganhavam com frequência o prêmio de melhor franqueado. Beatriz cuidando da operação, e Humberto como estrategista."

SEIS BRASÍLIAS VELHAS

A relação de Humberto e Salim teve início na Monza Veículos, porque o dono da futura maior locadora da América Latina precisava trocar uma frota de seis Brasílias amarelas com as quais prestava serviço para a Usina de Emborcação, instalada no Triângulo Mineiro.

Na agência Localiza, a liderança operacional foi de Beatriz; ali ela fez seu maiores aprendizados de negócios

Humberto trocou as Brasílias velhas por Fiats 147 novos. "Lembro que as Brasílias estavam bem desgastadas; a maioria nem cinto de segurança tinha mais, apesar de que na época o uso de cinto não era obrigatório. Sei que deu bastante trabalho revendê-las", ri Humberto. Mas o esforço valeu a pena, já que

CAPÍTULO 6

esse primeiro negócio renderia outros tantos no futuro próximo e ainda geraria uma amizade para a vida toda.

Após esse primeiro negócio, os dois já se consideravam amigos, e Salim convidaria Humberto para montar lojas da rede no Triângulo Mineiro.

"A Localiza foi uma escola de negócios não só para a Beatriz; foi para mim também. Nós aprendemos muito sobre disciplina, foco, eficiência e agilidade", reconhece Humberto. E os padrões de atendimento ao cliente praticados pela empresa de Mattar o levaram a desenvolver um conceito importante em sua vida empresarial: diligência.

ASSOCIAR, NEGOCIAR, ATENDER E A DILIGÊNCIA

Quando alguém fala em Humberto, Salim pensa sempre em duas características marcantes: a capacidade associativa e o talento para negociar. "O Humberto sempre foi um indivíduo associativo. Era atuante na Abracaf, onde também tínhamos contato, e sempre foi muito presente no tempo em atuou como franqueado da Localiza", relata Salim. O empresário uberlandense fazia questão de participar tanto das reuniões sérias como das confraternizações da empresa, e não hesitava em se deslocar de Uberlândia a Uberaba (107 km), ou a BH (540 km) só para isso. Segundo Salim, o franqueado do Triângulo Mineiro se tornou um líder natural entre os demais franqueados da Localiza — foi presidente-fundador da Abraliza, a Associação Brasileira dos Franqueados do Sistema Localiza. "O Humberto era muito ouvido pelos outros e sempre ajudava quando havia uma questão delicada a tratar. Se ia nos criticar, fazia isso de forma construtiva; suas intervenções soavam mais como conselhos do que críticas", afirma Salim. Humberto era acionado nos momentos sensíveis por seu dom do diálogo. "Ele é ótimo negociador, diplomático, e com um senso afiado para fazer a retirada e retomar a negociação na hora certa."

Na opinião de Salim Mattar, apesar de ter os interesses de um franqueado, Humberto colaborou muito para o desenvolvimento da rede e do sistema de franchising da Localiza. "Temos uma dívida de gratidão com ele por isso."

Se Humberto doou essas suas capacidades à Localiza, a franqueadora retribuiu à altura.

CAPÍTULO 6

Foi como integrante da rede que o uberlandense compreendeu a força da diferenciação pelo atendimento ao cliente. Numa entrevista à revista *HSM Management*, Salim Mattar explicou que sua empresa só admite "pessoas

> Humberto era ouvido pelos demais franqueados Localiza e apontava problemas quando necessário

que gostam de resolver problemas para os clientes, são alegres, simpáticas, têm sorriso bonito. Sorriso faz muita diferença, até na voz. Nossas operadoras de telemarketing, por exemplo, têm um espelho em que podem se ver sorrindo ao telefone quando conversam com os clientes. Nós incorporamos o espelho nos anos 1990". A Localiza instituiu uma pesquisa regular para medir a simpatia em sua central de reservas, inclusive, e os índices de simpatia chegavam a 96%. Como Salim observou na entrevista, "o atendimento da Localiza é superior ao de qualquer locadora com origem nos Estados Unidos ou na Europa; falo isso sem sombra de dúvida".

Humberto combinou o aprendizado da excelência do atendimento Localiza, com suas próprias experiências de vendedor — no car-

93

rinho de pipoca, no armazém, na Monza — e saiu com um conceito sobre diferencial competitivo que chama de "diligência". Para vencer no mercado, segundo Humberto, o segredo é atender o cliente com mais diligência do que o concorrente, e isso significa dar mais atenção a esse cliente e cuidar melhor dele do que fazem os rivais, construindo uma clara percepção de que todos saem ganhando. O conceito se estendeu a parceiros como a Localiza, que não deixam de ser um tipo de cliente. "Na negociação com o Humberto, a sensação era de que, no final, todos saíamos ganhando", confirma o fundador da locadora de veículos.

Salim sempre acreditou que o trabalhador brasileiro tem uma vantagem competitiva que deve ser aproveitada pelas empresas. Em suas palavras, "o brasileiro é mais solícito para servir pessoas. Não considera servir uma humilhação e se sente feliz em poder ajudar os outros". Humberto concorda. Só trocaria, talvez, "solícito" por "diligente".

DESCONTINUAR E CONTINUAR

Salim Mattar lembra de ter-se impressionado com a visão de futuro de Humberto Carneiro

CAPÍTULO 6

quando ele disse que queria vender suas franquias para por todas as fichas em sua nova empresa, a Policard. Ele queria fazê-la dobrar de tamanho a cada 36 meses. "Humberto viu que aquele serviço cresceria mais que o setor de automóveis." Como, desde uma operação de *private equity* em 1997, Salim estava recomprando alguns franqueados para ganhar robustez antes de abrir o capital em bolsa, meio caminho estava andado.

As negociações começaram em 1999 e seguiram até novembro de 2000. Humberto já tinha decidido fazer o negócio com Salim, mas Beatriz resistia, receosa quanto à concentração do capital. O irmão esperou até conseguir convencê-la.

> **LIÇÃO 6** Participar de redes é um vetor de competitividade, pois alavanca aprendizados e poder de ação. Quanto mais redes, melhor. Humberto já tinha as redes da família e das concessionárias, e aderiu a uma franquia. Esta o levou a um conceito-chave: a diligência (comparada).

CAPÍTULO 7
O NEGÓCIO DOS SONHOS

A Policard nasceu em 1995 como uma *spin-off* da fábrica de software Polidata — *spin-off* é um termo em inglês que designa uma empresa nova que surge de um pedaço de uma empresa existente e ganha musculatura suficiente para se separar desta. No cinema, estamos habituados com *spin-offs*. Por exemplo, a animação *Procurando Nemo* teve como *spin-off* a *Procurando Dory*, filme novo focado numa personagem do filme existente. Mas, no universo empresarial, essa ideia vem do Vale do Silício, na Califórnia, e desde os anos 1960 vem se espalhando pelo resto do planeta.

Humberto ainda não havia visitado o Vale do Silício, o que faria posteriormente, mas assim mesmo criou a *spin-off* de cartões de benefícios a partir do serviço que a Polidata fornecia ao Grupo Algar.

CAPÍTULO 7

Nos primeiros tempos de operação, a Policard focou apenas em antecipar um percentual do salário dos funcionários das empresas parceiras para que pudessem consumir numa rede de lojas credenciada, como já contamos. Era uma operação ganha–ganha–ganha diligente, do tipo que Humberto apreciava. Era bom para a empresa que usava os cartões, já que disponibilizava crédito aos empregados sem desembolsar nem um tostão. Era bom para os comércios credenciados — farmácias, supermercados, postos de combustíveis etc. —, pois atrairiam mais clientes vendendo com menos de 30 dias de prazo e com risco zero de inadimplência, já que a Policard garantia os pagamentos. E, naturalmente, era bom para os colaboradores que recebiam os cartões, como os associados do Grupo Algar tinham mostrado, pois era como ter um cartão de crédito mas com dinheiro no fim do túnel, o que lhes dava maior controle sobre os gastos.

E para a Policard? Em cada transação, sua remuneração ficava nos centavos. Mas era um montante que crescia exponencialmente, e não linearmente, à medida que mais empresas demandavam esse benefício para seus funcioná-

A ARTE DO DESAPEGO

rios, e mais comércios manifestavam interesse em aderir à bandeira Policard. Unir todos esses lados a tornava bem similar ao modelo de negócio de plataforma que hoje atrai cada vez mais adeptos, porém sem a plataforma digital. O mecanismo de funcionamento logo ficou azeitado, mas o custo operacional para todo o consumo acontecer era pesado. Em 1995, todas as transações eram feitas via rede telefônica. Foi necessário montar um verdadeiro exército de atendentes de telemarketing para fazer rodar o serviço. "A internet até tinha chegado, mas contabilizava pouco mais de 30 mil usuários no Brasil", lembra Humberto, embora ele mesmo apostasse em seu futuro.

> A Policard equivalia a uma empresa-plataforma de hoje, só que sem a base digital; em 1995, as transações eram feitas por atendentes de telemarketing

Vale a pena descrever o mecanismo para que os nativos digitais entendam a complexidade da operação: (1) a empresa disponibilizava um percentual do salário de cada funcionário para ele consumir ao longo do mês na rede credenciada à Policard; (2) esse indivíduo entrava, por exemplo, em uma farmácia, escolhia os produtos e na hora de pagar apresentava a tarjeta de plástico como meio de pagamento; (3) a balconista da farmácia ligava no call center da Policard informando o valor da compra, para confirmar se o cliente tinha crédito suficiente, (4) a despesa era abatida da ficha do cliente pela atendente do call center e, ao final do mês, a Policard informava a sua cliente o total gasto por cada um dos funcionários, para que fosse abatido do respectivo salário.

Imagina o trabalhão? O que hoje é feito em tempo real por um software razoavelmente simples era executado à mão, demandando uma imensidão de gente que, inicialmente, a Policard contratava por meio do Grupo Algar, cuja unidade Algar Tech foi uma das pioneiras em empresas de contact center do interior do Brasil. "Só nessa estrutura de atendimento gastávamos mais de R$40 mil por mês, o que era um limitador para crescer", conta Humberto.

NÃO É BANCO, MAS PARECE

Em pouco tempo, Humberto percebeu que essa startup podia ter um crescimento exponencial se fosse suficientemente capitalizada. A empresa só precisava de um software robusto para gerenciar milhares de transações simultâneas, e de maquininhas em toda a rede credenciada de comércios para fechar a comunicação nas três pontas, o que integraria o sistema de pagamento, do ponto de venda à empresa cliente. Aí ficaria muito próxima de uma instituição financeira.

Cartões de benefícios são meios de pagamento, e esse perfil financeiro dava à Policard todas as características de um negócio de futuro, como Humberto entendia. "Sempre sonhei com um negócio que me desse lucro mesmo quando eu estivesse dormindo, ou seja, que não dependesse da minha presença física para render, uma premissa comum aos negócios de base financeira", conta ele.

Mais tarde, descobriria que o megainvestidor norte-americano Warren Buffett aparentemente fazia uma analogia parecida. Atribui-se ao líder da Bershire Hathaway a frase: "Se você não encontrar uma maneira de ganhar dinheiro enquanto dorme, vai trabalhar até morrer." Milton Jr. confirma o desejo de Humberto: "Desde o início da década de 1990, meu irmão falava que tinha que arranjar um jeito de atuar no sistema financeiro. Ele queria virar dono de banco."

> "Desde 1990, meu irmão falava que queria virar dono de banco", conta Milton Jr.

A Policard se transformaria, de fato, no negócio de futuro, e dos sonhos, de Humberto, mas não sem impor alguns pesadelos antes. Um exemplo: ele deixou parte da família contrariada quando vendeu a Monza Veículos no auge de seu desempenho — não em 2021, quando o setor de automóveis vai mal das pernas — para financiar a Policard. Outro exemplo: foi em função da necessidade emergente de automatizar sua operação que tomou o maior tombo de sua vida de negócios, com três empreendedores digitais paulistas.

QUASE UMA STARTUP

Certa vez, o pai, Seu Milton, foi visitar Humberto na sede da Policard e lhe perguntou onde tinha colocado o dinheiro da Monza Veículos. Não havia prédios, terrenos, bois no pasto, nenhum bem tangível à vista. "Lembro que mostrei o computador que armazenava nosso banco de dados e disse que tudo o que eu tinha estava ali naquela caixa de metal. E ele disse que eu tinha ficado doido", conta Humberto rindo. Era natural que fosse assim: a Policard era um embrião de empresa com modelo de negócio de plataforma, ao final das contas. Sem querer, ou talvez não, Humberto começava a pressentir, ainda na segunda metade dos anos 1990, o espírito de tecnologia e dados que predominaria no século XXI.

> **Um modo rápido de endereçar a necessidade de ter um software robusto e maquininhas na rede credenciada seria uma parceria estratégica com startup. Deu errado**

Coincidentemente, alguns dos maiores problemas do empreendedor uberlandense na Policard vieram de interações com pessoas "tech" — empreendedores de startup e um gerente da área de tecnologia da informação.

Vamos começar pelos empreendedores digitais. Humberto sempre foi aberto a parcerias quando essas pudessem ser benéficas a todos os envolvidos — ele gosta de atuar em rede, lembra? —, o que, aliás, é uma característica forte do século XXI. Então, ele imaginou que um modo rápi-

CAPÍTULO 7

do de endereçar a necessidade de automatizar as transações com cartões de benefícios seria estabelecer uma sociedade ou uma parceria estratégica com uma empresa tecnológica.

Quis o destino que Humberto encontrasse três empreendedores digitais de São Paulo que alegavam conseguir desenvolver o software e providenciar a solução dos terminais de atendimentos para fechar o modelo de negócio da Policard junto à rede credenciada. O trio se prontificou a adquirir e disponibilizar inicialmente 400 maquininhas a serem incorporadas por farmácias, supermercados e afins, e era com esse investimento que entrariam no negócio. "O tempo foi passando e não apareciam nem o software nem as máquinas. Fui cobrando, até que descobri, junto ao fabricante das máquinas, que o entrave era o pagamento. Os três não tinham dinheiro, nem crédito, para liberar as máquinas", conta Humberto.

Confrontados com o problema, os tais empreendedores sugeriram formalizar uma sociedade. Humberto pagaria as máquinas, um valor de cerca de R$400 mil à época, e se tornaria sócio da empresa deles, com 51% das ações. Eles entrariam com o desenvolvimento e a implantação do software, receberiam salários mensais de R$10 mil cada um para fazer isso, e manteriam 49% das ações. Apesar de ter uma natureza de mineiro desconfiado, e de os sinais iniciais desaconselharem o aprofundamento da relação, Humberto baixou a guarda ante a necessidade premente e topou. Foi um erro — e um erro que ele não esconde.

> "Você nunca deve encantoar um gato; ele vira um leão." Ao receber um ultimato de um funcionário, Humberto virou leão

Os "empreendedores digitais" paulistas nunca desenvolveram o software. E ainda usaram o acesso livre que tinham ao sistema de crédito da Policard para gastar milhares de reais à revelia do sócio majoritário. "De longe, essa foi minha maior burrada; até carro zero quilômetro eles compraram com o cartão Policard, pois tinham acesso ao sistema para alterar o limite de gastos. E o pior é que ainda tive que comprar a parte deles, de R$500 mil, para colocá-los para fora da startup."

Humberto perdeu dinheiro na jogada, até porque teve de contratar advogados para barrar uma tentativa "descarada" dos paulistas de tomarem parte da Policard para si, sendo que, àquela altura, essa já era a sua maior aposta. O pior, contudo, é que Humberto também perdeu tempo.

A história do gerente de TI é ainda mais surpreendente. O executivo, ao perceber a dependência que a empresa estava criando em relação aos seus serviços, deu um ultimato: ou Humberto lhe dava 50% de participação na Policard, ou ele sairia e inviabilizaria (ao menos, imaginava inviabilizar) o negócio. Humberto agiu rápido e, leoninamente, demitiu o indivíduo na hora. "Você nunca deve encantoar um gato. Ele vira um leão", justifica.

Humberto queria um banco, mas talvez a Policard estivesse mais perto de uma fintech.

PILARES ESTRATÉGICOS

Passada a crise da sociedade infrutífera, e resolvida a automatização por meio da startup que sobrou e desenvolvedores profissionais, seguiu-se o projeto. A ideia era posicionar a Policard como uma das maiores empresas de cartões de benefícios do Brasil — e as metas eram ousadas.

Não se tratava de algo trivial. A necessidade de crescer rápido era proporcional à dificuldade de ganhar mercado. "Quando tentava abrir uma praça nova, o comércio queria saber quantos clientes (empresariais) eu tinha. Quando a abordagem era ao cliente, ele queria saber qual o tamanho da rede de comércio credenciada na localidade. Era muito difícil crescer a partir do zero", observa Humberto. Era o dilema similar àquele sobre o que surgiu primeiro, o ovo ou a galinha.

O caminho era, como concluiu o fundador da Policard, definir bem o posicionamento da empresa no mercado, e esse era estar onde as grandes redes de cartão não estavam. "Nós cadastrávamos o pequeno comércio. Até feirante era alternativa para marcarmos presença, numa estratégia de trabalho de formiguinha, devagar e sempre." No começo, a Policard trabalhava com a ideia de convênio com o comércio em duas modalidades: alimentação e saúde. Mas, para aumentar a rede credenciada mais rápido, experimentou trabalhar com postos de combustíveis, começando por um específico. "Quando as

> **O empreendedor levou um tempo para construir a estratégia da Policard, mas teve convicção quanto a seus três pilares**

CAPÍTULO 7

pessoas passaram a perguntar nos outros postos se aceitavam Policard, na quarta ou quinta vez que alguém perguntava o dono ligava para se credenciar."

Humberto conta que demorou a entender quem era mais importante na operação da empresa: o cliente final — o funcionário da empresa que recebe o cartão de benefícios — ou o cliente lojista da rede credenciada. Isso porque clientes — as reclamações que fazem — constituem uma das duas métricas de sucesso que Humberto acompanha em seus negócios; a outra é a movimentação da concorrência, geralmente para poder trilhar o caminho contrário. "Com o tempo, ficou claro. O cliente final é a chave, porque ele é a fonte do interesse de toda a cadeia, e é quem decide onde e como consumir."

Nosso empreendedor levou um certo tempo para construir a estratégia da Policard. Mas, quando o fez, tinha total convicção de seus três pilares:

1. A empresa devia gerar faturamento 24 horas sem depender da presença física do empreendedor. "Algo que es-

tivesse dando dinheiro mesmo quando os líderes estivessem dormindo."

2. Devia permitir o crescimento exponencial, ou seja, escalar — e em âmbito nacional. "Um negócio com potencial para ser realmente grande. Mesmo que tivesse de sair das minhas mãos."

3. Devia ser também um negócio "centaveiro". "Queria que fosse bom para todos os envolvidos, mas que ninguém ficasse incomodado com o tanto de dinheiro que a Policard ganhava."

CELEIRO DE TALENTOS

As melhores empresas são celeiros, ou ímãs, de grandes talentos. A prova de que a Policard tinha chances de se inscrever no time das melhores empresas seria os talentos que floresceriam lá — mais especificamente, um talento chamado Luciano Penha. Ele apareceu em 2002, como um jovem empreendedor que queria fazer uma parceria para lançar um cartão-premiação. E, como uma das virtudes de Humberto é, segundo ele, ter visão de futuro para

CAPÍTULO 7

colocar as pessoas certas nas posições certas, logo Luciano estava assumindo a diretoria de marketing, responsável por toda a estrutura comercial, o que o tornava o principal executivo da empresa abaixo de Humberto. Primeiro em meio período, pois queria continuar empreendendo, mas, depois, em tempo integral. Humberto lhe disse: "Você será meu sucessor."

> O empreendedor levou um tempo para construir a estratégia da Policard, mas teve convicção quanto a seus três pilares

EXPANSÃO NACIONAL

Ações estratégicas para gerar escala e tornar a Policard uma empresa realmente nacional foram a incumbência que Humberto deu a Luciano. "No início, meu trabalho foi principalmente abrir novos mercados regionais. Viajei o Brasil atrás de representantes comerciais. Identificava, captava e treinava esses parceiros", conta o executivo. Ele se sentia o próprio protagonista de "A Vida de Viajante", música de Luiz Gonzaga. Rodava de carro porque era de cidade em cidade, num trabalho comercial e diplomático, porque tinha que se relacionar tanto com as empresas locais como com prefeituras e câmaras municipais, que eram os principais clientes da Policard nas cidades menores. "Conheço no mínimo mil municípios do Brasil." Em 2006, a Policard se consolidava na região Nordeste, por exemplo.

PREJUÍZOS CONSECUTIVOS

Antes de entrar no azul, a Policard registrou perdas por bastante tempo — foram 11 anos consecutivos fechando no vermelho.

Humberto não se abalava muito com as cores do negócio. Do jeito que ele enxergava as coisas, aquilo era resultado de investimento e investir para crescer mais rápido é parte do que define os negócios. O fator de sucesso principal estava lá: o entendimento de qual cliente importa, os três pilares estratégicos, o talento.

Porém, em Beatriz, a persona financeira dos irmãos Carneiro, os prejuízos doíam bastante — ela mantinha na Policard a mesma participação de 30% que tinha na Monza, com Humberto sendo dono de 60%. (Milton Jr. tinha 10%.) Beatriz mostrava-se cada vez mais preocupada com o fato de todas as fichas serem colocadas

CAPÍTULO 7

na Policard. Em 1998, haviam vendido a concessionária para colocar dinheiro na Policard. Em 2000, haviam vendido as franquias Localiza para colocar dinheiro na Policard.

A irmã não abandonou o irmão, no entanto. Em outubro de 2001, por exemplo, quando a falência se tornou uma possibilidade, foi ela que socorreu a Policard, usando boa parte de suas reservas pessoais. E o trabalho de expansão nacional conduzido por Luciano estava prestes a mudar o rumo das coisas. Faria a Policard entrar na mira de um dos maiores fundos de investimento do Brasil.

> **LIÇÃO 7**
>
> É preciso identificar o destino do negócio que se tem – alguns nascem para ser pequenos; outros ganharão dimensão nacional ou mundial. Estes precisam de mais investimento, risco, estratégia e até tolerância a prejuízos. Humberto soube reconhecer que a Policard se encaixava no segundo tipo e tratou-a como devia.

CAPÍTULO 8
O MINDSET E A ESCOLA

No momento em que a Policard vivia seu ponto de inflexão — era escalar ou falir —, Humberto Carneiro estava cursando uma faculdade pela primeira vez. Em 2001, aos 42 anos de idade, diplomava-se em administração, vestindo beca e capelo, na presença de sua mãe, Dona Naime, e do irmão, Milton Jr..

O feito teve duas décadas de atraso talvez. Mas o bacharelado aos 42, de certo modo, equilibrou o que Humberto fizera antes da hora. Trabalhou aos 12, coliderou um negócio aos 17, casou-se aos 19, tornou-se pai aos 21.

Até ali seus aprendizados tinham acontecido 100% por tentativa e erro ou tirando lições da observação do comportamento alheio. Mas ele entendia que esse era um aprendizado basicamente reativo, do tipo que ocorre quando se busca a solução para um dado problema, e que

CAPÍTULO 8

havia limitações nos aprendizados reativos. Se grandes empresários tinham rezado pela cartilha do conhecimento adquirido no trabalho, como o fundador da Apple, Steve Jobs, ou, no Brasil, Silvio Santos (que tem só curso técnico de contabilidade), eles são a exceção à regra. Humberto procurava um aprendizado criativo, um que o habilitasse a criar o futuro.

Para isso era necessário um lugar que fornecesse um conhecimento estruturado sobre os padrões do passado, uma intensa troca de ideias com outras pessoas e um espaço garantido para reflexões, algo quase impossível de fazer no dia a dia da empresa. Esse lugar era a universidade; era lá que ele podia aprender a construir o futuro.

Separado de Norah desde 1997, e longe das filhas, que foram morar em São Paulo com a mãe, e que ele visitava em fins de semana alternados, Humberto viu a chance de cursar a universidade.

CRIAÇÃO DE VALOR

Seu Milton não estava na cerimônia de formatura. Foi convidado, mas declinou; ele tinha de vacinar o gado naquele dia. Humberto era o primeiro dos sete filhos de Seu Milton a ter curso superior — incluindo os dois irmãos de outros casamentos do pai e Beatriz, que só se formaria depois —, mas não se chateou com a ausência, pois sabia que estudos não eram prioridade para o patriarca dos Carneiro. Afinal, Seu Milton ameaçara proibir Humberto de frequentar a escola se ele não trabalhasse em paralelo, razão pela qual ele acabou vendendo pipoca aos colegas. Valorizar os estudos foi uma escolha dele, Humberto.

> **Humberto escolheu ter um aprendizado criativo, em vez de só reativo, e usufruir a diversidade vista nos colegas**

A graduação em administração deu ao empreendedor acesso a ideias de pensadores da gestão como Peter Drucker, Steve Blank e Ram Charan, citados na introdução, e outros tantos. E lhe abriu uma série de novas portas e janelas cerebrais, sobretudo em relação aos indicadores de desempenho que já lhe eram caros: clientes e concorrentes. Mas o conteúdo foi tão importante quanto a forma. Ali Humberto entendeu que não é o professor que ensina, e sim o aluno que aprende. Trata-se de um entendi-

CAPÍTULO 8

mento fundamental para quem quer participar dos negócios do século XXI, quando, devido à aceleração tecnológica, a jornada de trabalho tem de virar também uma jornada de estudo.

Os contatos com os colegas de uma geração mais nova também mostraram a Humberto o valor dos choques de diversidade. E não só a diversidade etária. Mais adiante, o empreendedor repetiria a dose com a diversidade geográfica e cultural, por exemplo, em cursos na Fundação Dom Cabral, onde conviveu com participantes de todo o Brasil e da América Latina, e no Insead, França.

Em 2006, ao lançar o livro *Mindset*, a pesquisadora Carol Dweck explicou o acerto da escolha de Humberto de se esforçar para aprender sempre. Ela descobriu que pessoas com essa mentalidade (o *mindset*) se adaptam com facilidade e têm mais sucesso na vida.

> **LIÇÃO 8**
>
> Adquirir conhecimento prático de gestão não basta. Ter sucesso contínuo exige adquirir conhecimento estruturado e renovado constantemente. Como faz Humberto.

PARTE II

FUTURO

(MAS SEM EXCESSO DE FUTURO)

CAPÍTULO 9

UMA FLOR AMARELA

Humberto se encontrou com seu futuro numa academia de ginástica. Atendia pelo nome de Anna Laura Crosara Petri, era de outra geração — quase 20 anos mais nova — e se exercitava acompanhada da irmã, que pedalava a bicicleta ergométrica. Objetivo, ele pediu para o personal trainer da academia do Praia Clube apresentá-los. E em sua abordagem, foi direto (direto demais para um homem mais velho, na avaliação da irmã). Anna Laura, que sabia da fama de namorador de Humberto, não mostrou interesse por não ver futuro ali, mas a ousadia do galanteio não lhe passou despercebida.

Para o empreendedor, foi o equivalente a atravessar o Rubicão — o momento histórico em 49 a.C, em que o general Júlio César, futuro imperador de Roma, desafiou as regras

CAPÍTULO 9

impostas pelo governo republicano e cruzou o rio com suas tropas, desestabilizando o poder central e dando origem a uma guerra civil. Humberto desafiou as regras que impôs a si próprio desde que terminara o casamento, de ter muitos namoros, relações intensas mas sem compromissos para o futuro. E, para a guerra que estava por começar, ia se preparar como um estrategista militar.

Humberto era um homem se apaixonando, mas acionou um recurso que lhe valeu em muitas ocasiões, pessoais e profissionais: a "emoção planejada". Ele manteve a frieza para conquistar Anna Laura. Sabia que sua fama pesaria contra sua investida. Anna Laura era daquelas moças uberlandenses que sonhavam se casar de véu e grinalda e construir uma família tradicional. E ele era considerado, naquela altura, um galanteador contumaz que a faria ser mais uma numa lista de muitas.

> Seja nos negócios ou na vida pessoal, Humberto é extremamente focado quando estabelece uma meta

A ARTE DO DESAPEGO

Então, Humberto traçou um plano e o pôs em ação. Para começar, levantou informações: descobriu que a jovem tinha o hábito de correr ao ar livre nas dependências do Praia Clube, e descobriu qual era o carro dela e onde o estacionava.

Menos de uma semana depois, já tinha adquirido o hábito de correr e, "coincidentemente", foi correr no mesmo local. Na primeira oportunidade que cruzou com Anna Laura, cumprimentou-a e se ofereceu para acompanhá-la. Apresentando-se como um pintor amador, perguntou qual era a cor preferida da moça. Ela responde: "Amarelo." E ele bateu em retirada.

Anna Laura continuou seu treino normalmente e, ao final, dirigiu-se ao estacionamento do clube para pegar o carro e ir para casa. Então, foi surpreendida: uma flor amarela tinha sido colocada no retrovisor do veículo. A velocidade de ação do pretendente a deixou impressionada. Também se surpreendeu com o esforço dele para saber qual era o seu carro e onde ele estava estacionado.

Nos dias seguintes, a corrida a dois se repetiria. Também se repetiria a flor amarela colocada no retrovisor do carro. As conversas durante a corrida diária rendiam. Eles falavam sobre tudo, sobre suas personalidades, sobre seus interesses e desafios, e até sobre os respectivos namoros. Sim, ambos namoravam naquele tempo. Anna Laura, inclusive, estava em uma relação de três anos. Estamos falando de novembro de 2003.

O flerte atlético, e improvável, evoluiu rápido. A ponto de ambos combinarem dar um fim a seus namoros para ficar juntos. Anna Laura tomou a iniciativa primeiro, porque seu relacionamento, que já não vinha numa fase boa, piorara bastante desde que um amigo contara ao namorado sobre as corridas a dois no clube. Humberto terminou na sequência. Desimpedidos, engataram um romance — tímido, sem aparições públicas, mas com encontros cheios de paixão. Inclusive, ele a tinha presenteado com um quadro de sua lavra no qual o amarelo era a cor preponderante. Parecia que o plano de Humberto tinha funcionado já na primeira fase.

A FASE 2

Chegou o verão. E os encontros de Humberto e Anna Laura tiveram de ser interrompidos. Era

A ARTE DO DESAPEGO

tradição da família Petri passar as férias de verão em Camboriú, no litoral catarinense, num apartamento que mantinham lá. Um problema é que o período de férias era longo; abarcava janeiro e se estendia até o carnaval. Outro problema é que paciência não era exatamente um atributo forte daquele pretendente. Ele estava (mal) acostumado a sempre conseguir o que queria, e rápido.

Então, diante do fator Camboriú, Humberto elaborou uma fase 2 para seu plano de conquista, que consistiria no redirecionamento de uma atividade previamente programada.

O empreendedor havia reservado um cruzeiro de navio pelo litoral brasileiro a partir de Santos (SP), que faria na companhia de alguns amigos, e, na véspera do carnaval, a escala seria em Porto Belo (SC), a exatos 30 km do balneário onde a família Petri estava. O navio passaria o dia inteiro atracado em Porto Belo, o que era tempo mais que suficiente para ele alugar um carro, ir encontrar Anna Laura e lhe deixar bem claras suas intenções de um relacionamento sério, um relacionamento completamente diferente dos que vinha tendo desde a separação.

CAPÍTULO 9

A passagem de Humberto pelo litoral catarinense foi, no entanto, um tiro que saiu pela culatra. Serviu mais para aguçar as preocupações do futuro sogro em relação a ele do que para engatar um namoro para valer com a amada. Paulo Henrique Petri, o pai de Anna Laura, conhecia Humberto havia décadas, e viu ali a possibilidade de a filha ter o coração partido por um "don juan". Para variar, Humberto tinha dado um passo maior que a perna, indo além do que seria aconselhável — algo que fazia habitualmente nos negócios.

> Os obstáculos a serem vencidos não foram poucos: a diferença de idade, a fama com os amigos, o pai de Anna Laura e um rival, um namorado dela

Sem saber da preocupação do futuro sogro, o pretendente resolveu largar o cruzeiro e ficar com Anna Laura em Camboriú. "Quando ele disse que ficaria, me deu um frio na barriga. Percebi que poderia ficar sério", lembra ela. O casal passou junto o Carnaval de 2004, com amigos e sob os olhares atentos da família Petri, e tudo correu bem.

Quando Humberto foi embora, porém, o pai de Anna Laura chamou-a e foi direto ao ponto. Disse que conhecia a fama de playboy do Humberto e que a filha devia se resguardar para não sofrer, pois existia um risco real de ela ser apenas "mais uma" na lista, alguém descartável. (Mais tarde, o sogro diria que, no fundo, não acreditava naquilo, porque Humberto realmente parecia apaixonado, mas que seu papel como pai era ser precavido.)

Anna Laura ficou abalada com a observação paterna."Bateu um arrependimento por terminar um namoro de três anos por uma aventura sem futuro", conta. Então, antes que fosse descartada, foi ela que descartou Humberto. E reatou com o ex.

> O relacionamento dos dois tem várias versões; a cada iteração, uma versão nova e melhor

Vinte dias depois, Carol sofreria o acidente. E, apesar do orgulho ferido de Humberto, foi para Anna Laura que ele ligou imediatamente para dar a notícia. Não era a terceira fase do plano de conquista. Humberto não tinha cabeça para nada, só seguiu o coração. No velório, o empresário quis

CAPÍTULO 9

apresentar a moça da flor amarela a Norah. Depois, eles ficaram dois anos sem contato.

ITERAÇÃO

A fundação da Policard tinha sido um recomeço para Humberto. A empresa de cartões de benefícios o ajudara a recomeçar mais uma vez após a trágica morte da filha mais velha. Porém, na verdade, seu recomeço se daria mesmo com Anna Laura e ainda estava para acontecer.

Uberlândia, por ter muitas empresas de software, está relativamente acostumada com uma palavra esquisita do jargão dos programadores: iteração. O termo vem da álgebra; designa o "processo de resolução de uma equação mediante operações sucessivas, em que cada equação trabalha com o resultado da equação que a precedeu". No caso do software, cada iteração significa fazer uma nova versão do aplicativo, que parte da versão anterior para poder melhorá-la.

A relação de Anna Laura e Humberto se desenvolveu por meio de iterações, pois cada versão do relacionamento partia da anterior e a melhorava. As primeiras versões foram todas iniciadas por Humberto, mas Anna Laura criou mais uma quando ligou para Humberto.

Ele estava numa reunião da Policard, mas interrompeu a conversa para atendê-la. Anna Laura iniciou uma conversa sem assunto, falando de correr provas em montanha etc, até que Humberto, objetivo, a cortou com uma pergunta: "Você sabe que estou namorando, não sabe?" A jovem respondeu que não; realmente não havia tido mais notícias dele. Então, Humberto perguntou: "Você está sozinha?" Ela disse que ainda estava namorando, mas que a relação não ia nada bem.

> "Ter um filho é criar um coração fora do corpo." Mesmo pensando assim, Humberto tentou a gravidez pela esposa

Na intervenção seguinte, Humberto seria bastante objetivo. "Ele disse que, se eu resolvesse a minha vida, ele resolveria a dele", conta Anna Laura, sorrindo. A conversa acabou por ali, com a promessa de um futuro contato. Afinal, ele precisava continuar sua reunião de negócios.

Após uma semana, Humberto ligou para Anna Laura e anunciou: "Resolvi a minha vida." Era a terceira fase do plano do Rubicão. Mais dois dias, ambos estavam livres. Subiram ao altar em março de 2007.

CAPÍTULO 9

LIBERDADE COMPARTILHADA

Anna Laura não mudou Humberto no varejo. Ele continua gostando de tudo no seu devido lugar, continua parando qualquer conversa para consertar a porta que não fecha, continua querendo debater e ter a palavra final. Mas ela o mudou no atacado. Apesar de não desejar mais filhos — porque seria um pai velho, porque "ter um filho é ter um coração fora do corpo" —, Humberto topou tentar por Anna Laura. Só que a gravidez não aconteceu.

O casal aceitou o fato e resolveu criar uma versão ainda melhor da relação: a "liberdade compartilhada". Eles adoram fazer coisas juntos, mas cada um tem seu mundo — Humberto, os negócios; Anna Laura, as corridas. Saber iterar garante o futuro.

> **LIÇÃO 9**
>
> Se a vida pessoal não receber o mesmo empenho dirigido ao trabalho, o sucesso não virá. Isso, porque o ser humano é um ser integral. Humberto se empenha pelo pessoal, assim como por Anna Laura.

CAPÍTULO 10

LUTANDO PELO QUE É CERTO

Você sabe quem é um dos líderes do G7? Humberto Carneiro. Não estamos nos referindo, é claro, ao G7 que aparece toda hora na mídia, o grupo dos sete países mais industrializados do mundo que por um bom tempo deu as cartas quase sozinho por aí, composto por Alemanha, Canadá, Estados Unidos, França, Itália, Japão e Reino Unido.

Trata-se do G7 do Triângulo Mineiro, formado por entidades que representam empresários de diversos setores e profissionais liberais. Seus sete membros são Associação Comercial e Industrial de Uberlândia - Aciub, da qual Humberto é vice-presidente; Câmara de Dirigentes Lojistas de Uberlândia - CDL; FIEMG Regional Vale do Paranaíba (a regional da Federação das Indústrias de Minas Gerais); Subseção Uberlândia da Ordem dos Advogados do Brasil - OAB; Sindicato Rural de Uberlândia; Sociedade Médica de Uberlândia; e Conselho dos Veneráveis do Triângulo. Em outras palavras, o G7 reúne os principais locais de discussão das grandes questões referentes ao desenvolvimento socioeconômico e à qualidade de vida de sua população.

Um observador atento vai perceber que, por muitas razões, esse G7 é mais importante para o Brasil que o G7 global. É justamente aquilo de que nosso país mais precisa: um modelo de sociedade civil organizada e participativa que possa cobrar ações do governo, discutir e tomar decisões com os governantes e até agir por conta própria.

Pode-se dizer que ele tem um pensamento mais coletivo do que individual desde os tempos em que presidiu Abracaf e Abraliza, as associações nacionais, respectivamente, de concessionários Fiat e de franqueados Localiza, já citadas neste livro. Como vice-presidente da Fenabrave, a Federação Nacional da Distribuição de Veículos Automotores, ele ampliou um pouco o público representado, mas ainda se tratava de fazer o advocacy de um segmento econômico específico. Já na Aciub e, sobretudo,

Nenhuma empresa é uma ilha, como Humberto entendeu muito cedo

no G7, seu arco de ação se ampliou; agora ele exerce a chamada cidadania corporativa. Como já disse Ozires Silva, fundador da Embraer: se realmente quiserem um futuro melhor para o Brasil, os empresários devem atuar publicamente. Lembrando que um país melhor faz empresas melhores. Atuar consome tempo, energia, não dá dinheiro e às vezes tira, mas é importante.

O OBSERVATÓRIO SOCIAL

Uma das iniciativas do G7 é o Observatório Social de Uberlândia, o OS Uberlândia, que desde 2016 acompanha o trabalho dos agentes políticos. Todo OS tem quatro eixos: monitoramento da gestão municipal, educação fiscal para o cidadão fiscalizar a aplicação dos recursos públicos, criação de um ambiente de negócios (de governo) ético e eficaz, e promoção de transparência na gestão pública.

Por exemplo, na crise pandêmica, os OS avaliaram o nível de transparência dos municípios no combate à Covid-19. Em março de 2021, 143 cidades em 17 Estados tinham um OS, sete em Minas.

CAPÍTULO 10

TRAUMA DE INFÂNCIA

A responsabilidade pública passou de pai para filho na família Carneiro. Seu Milton fez política partidária quando mais jovem e, com quase 90 anos, ainda patrocina um asilo de idosos em Mara Rosa (GO), onde cria gado. Humberto vê a relevância disso e pratica a cidadania corporativa.

Talvez a ideia de defender o bem comum tenha ligação com uma injustiça que, quando criança, viu seu pai sofrer. Espalharam o boato de que Seu Milton estava quebrado. Ele pagou todos os credores adiantado para recuperar a credibilidade, mas o golpe dói até hoje quando é lembrado. Foi uma lição para Humberto. Pessoas desonestas sempre há, mas o estrago é evitado quando empresários atuam juntos com transparência e respeito pela comunidade.

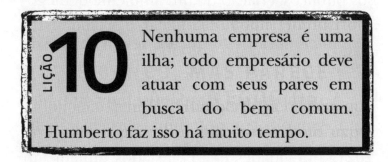

LIÇÃO 10: Nenhuma empresa é uma ilha; todo empresário deve atuar com seus pares em busca do bem comum. Humberto faz isso há muito tempo.

CAPÍTULO 11

DE MINAS AO LEBLON

"Foi a coisa mais surreal que já vi o Humberto fazer. Parecia que, naquele momento, Deus tinha baixado na sala e ordenado: Fala!" Quem faz esse relato é Valério Marega Jr., sócio de Humberto na gestora de investimentos WNT Capital, padrinho de seu casamento com Anna Laura e um personagem muito importante da história do empresário uberlandense, como veremos mais adiante. Valério se refere ao dia em que Humberto fez uma reunião de 15 minutos com Armínio Fraga, no escritório da Gávea Investimentos, no bairro carioca do Leblon, se estender por quatro horas sem interrupção — o que ele teve a chance de presenciar.

A proposta era Humberto fazer um *pitch* para Armínio comprar uma participação na Policard — *"elevator pitch"* é, no jargão do mer-

CAPÍTULO 11

cado, a apresentação de um negócio que um empreendedor faz a um investidor potencial. Pitches são por definição rápidos, duram o tempo de uma subida de elevador (daí o nome), o que torna ainda mais excepcional a duração daquele. "Humberto falou sobre a Policard e sobre toda a sua história de empreendedorismo e superação. E, enquanto falava,parecia ser uma sessão de hipnose coletiva na sala. Não paramos nem para beber água."

> Naquele dia, com Armínio Fraga, Humberto não falou apenas sobre a Policard mas sobre toda a sua história de empreendedorismo e superação. Parecia uma sessão de hipnose coletiva.

Não apenas Armínio cancelou toda a agenda da sequência em função da conversa, como também disse na hora, o que não é a praxe, que o negócio estava feito, desde que cumpridos os trâmites normais de toda aquisição — o valor seria definido depois, conforme mensurações técnicas. "E o Armínio ainda disse que se por acaso não houvesse acerto com o fundo que ele representava, entraria com dinheiro próprio no empreendimento", conta Valério.

"A inspiração do Humberto foi fenomenal. Falou de sua crença no potencial da empresa em relação a conceder crédito para as pessoas de renda mais baixa, de incluir os excluídos, que eram 75 milhões de brasileiros. Falou do jeito simples de se pensar que existe no interior do Brasil. Falou da importância social dos negócios, porque pobre só se sente gente no dia que cai o salário", reconstrói Valério, lamentando que isso não tenha sido gravado em vídeo. A conexão entre Armínio e Humberto é, de fato, digna de nota. Uma transação daquele tamanho, que normalmente leva meses para ser negociada, foi fechada numa tarde. E sem se falar em números. (Os acertos burocráticos do contrato, no entanto, levariam seis meses.)

> A reunião que seria de 15 minutos durou 4 horas. E a negociação, que levaria meses, foi fechada numa tarde

ADMIRADO NO MUNDO TODO

Se você sabe quem é Armínio Fraga, sabe o que esse dia, no primeiro semestre de 2007, representou para Humberto Carneiro. Considerado

CAPÍTULO 11

um dos mais influentes economistas do Brasil, Armínio tem um currículo tão impressionante que só a versão resumida já produz impacto: ele foi presidente do Banco Central do Brasil no governo de Fernando Henrique Cardoso e é sócio-fundador da Gávea Investimentos, gestora independente de fundos multimercados e fundos *private equity*. (Convencionou-se usar os termos em inglês para diferenciar os fundos que investem em empresas startup, *venture capital*, daqueles que aplicam recursos em empresas de porte médio, *private equity*.)

Trazemos aqui, no entanto, uma versão um pouco mais longa de quem é Armínio, embora ainda bem incompleta, para que o leitor entenda por que a deferência desse homem teve tamanha influência sobre o que ocorreria com Humberto e a Policard.

Comecemos pela presidência do Banco Central, que deu notoriedade a Armínio. O economista ocupou esse cargo tão delicado e crucial para a economia brasileira, num momento ainda mais delicado, entre 1999 e 2003, quando o Brasil retirou a âncora cambial que vinha garantindo a estabilidade do dinheiro desde o Plano Real. Os mais velhos ainda se lembram da apreensão com a possibilidade de voltar a inflação. Foram tempos tensos, mas Armínio, com sua equipe, habilmente segurou as pontas.

Agora, vamos à Gávea Investimentos, por meio de seus números de janeiro de 2021. Os fundos multimercados Gávea tem R$11,4 bilhões em ativos sob gestão em sua atuação em mais de 30 países. E o valor que a Gávea comprometeu com *private equity,* em 56 empresas, é de R$10,5 bilhões, incluindo empresas unicórnios como Stone e Vtex. (Unicórnios são as empresas avaliadas em mais de US$1 bilhão.)

Por fim, citamos o prêmio Nobel de economia de 2001, Joseph Stiglitz. Ele disse haver no planeta dois economistas qualificados para presidir o Banco Mundial, e um deles era o brasileiro Armínio Fraga, que mais tarde iria dar aulas na Wharton, a célebre escola de negócios da Universidade da Pensilvânia, e na Universidade Columbia. Sem falar que seu olho clínico o fez um profissional muito disputado para administrar os grandes bancos e fundos globais.

Assim, o fato de ter sido Armínio pessoalmente quem decidiu adquirir, para a Gávea Investimentos, uma participação de 30% na

CAPÍTULO 11

Policard tornou ainda mais especial esse acontecimento. Aquela também foi, é claro, a venda de maior valor da vida de Humberto até então – R$12 milhões da época. Foram R$10 milhões vindos da própria Gávea Investimentos, por uma participação de 25% no capital, e R$2 milhões do fundo de *venture capital* Monashees Capital, que tinha como sócio um her-

> Vieram R$10 milhões da Gávea Investimentos e R$2 milhões de reais da Monashees Capital

deiro da família controladora do Grupo Ultra e que se tornaria uma das maiores referências de seu segmento. Imagine o leitor a autoconfiança que isso não deu ao uberlandense...

A Policard vivia um período crítico, como sabemos. Até tinha dado um lucro, de R$5 milhões em 2006, mas nada que pudesse de fato financiar o crescimento pretendido. Humberto estava tendo que vender até carro de sua propriedade para quitar despesas trabalhistas.

O cenário só podia melhorar. Os irmãos Beatriz e Milton Jr. estavam totalmente fechados com Humberto. Milton Jr., que a essa altura atuava diretamente como executivo da Policard, lembra de ter visto finalmente o futuro promissor do negócio criado pelo irmão e de sentir um alívio com isso. "Eu me permiti fazer algo que queria fazer havia tempo: o Caminho de Santiago da Compostela." Ele partiu da França e percorreu cerca de 800 km a pé reafirmando sua gratidão pela entrada do fundo da Gávea. A injeção de capital não só permitiria acelerar o crescimento, como também alçaria a empresa a outro patamar de gestão.

> Milton Jr. foi fazer a pé os 800 km do Caminho de Santiago de Compostela, entre França e Espanha, inclusive como gratidão pela entrada da Gávea

É A REDE!

A história da sociedade da pequena Policard com uma das maiores empresas de investimentos do Brasil tem, além de Humberto Carneiro e Armínio Fraga, um terceiro protagonista: Valério Marega Jr.. Esse uberabense não foi apenas uma mera testemunha ocular, assim como a reunião não aconteceu por mero acaso. Valério se mobilizou muito para fazer acontecer, tanto antes da reunião do

CAPÍTULO 11

Leblon como depois. Valério é uma extensão poderosa da rede que Humberto começou a montar lá atrás, primeiro em família.

Tudo partiu, para dizer a verdade, de um momento de "tagarelice" de Valério. Ele trabalhava numa corretora de valores e comentava com alguém sobre uma empresa de Uberlândia chamada Policard, que poderia ser um bom ativo para novos investidores. Um colega de mesa o ouviu e interveio: "Meu irmão é do fundo Gávea e contou que eles comentaram sobre a Policard lá." Um dos fundos mais importantes do país havia colocado a empresa de Humberto em seu radar.

Valério não pensou duas vezes. Telefonou para o irmão do colega e, na mesma ligação, conectou-o com Humberto, perguntando a este se tinha interesse em vender parte da empresa. Sempre aberto a conversar sobre oportunidades de negócios, Humberto deu sinal verde na hora; ele precisava capitalizar a Policard. E dessa maneira foi marcada uma reunião entre Humberto e Armínio. Seria uma reunião de 15 minutos, mas isso era melhor do que nada.

A ARTE DO DESAPEGO

O mais inusitado ainda estava por vir. O Brasil vivia o auge de uma greve de controladores de voos que tumultuava os aeroportos gerando filas intermináveis, além de frequentes cancelamentos de voos. Humberto conseguiu viajar de Uberlândia para o Rio sem problema, mas Valério, que o acompanharia no compromisso e estava em São Paulo, aguardava num Aeroporto de Congonhas lotado, com filas homéricas, para pegar a ponte aérea até o Rio.

Estava ele observando aquela aglomeração de pessoas para o embarque — e feliz por estar viajando com muito tempo de antecedência — quando notou que o último da fila era Armínio Fraga. O homem em pessoa. Como fizera a vida toda, Valério não pensou duas vezes; abordou o ex-presidente do Banco Central apresentando-se como um dos sujeitos que se reuniriam com ele dali a poucas horas. A conversa seguiu da fila do saguão aos assentos do avião, com Armínio pedindo para Valério sentar-se ao seu lado.

Foi uma coincidência duplamente feliz. Não só porque os dois estavam no mesmo voo, como também porque a Gávea tinha acabado de comprar uma empresa de café no sul minei-

CAPÍTULO 11

ro e a conversa com o maior corretor de café do Brasil na época – Valério era corretor de commodities – interessava a Armínio. "Bom, a conversa fluiu", recorda Valério.

Aterrissaram no Aeroporto Santos Dumont e Armínio gentilmente lhe ofereceu uma carona para o escritório da Gávea Investimentos no Leblon. Antes disso, no entanto, o ex-presidente do BC teve de dar uma entrevista improvisada a uma dúzia de jornalistas que o esperavam, interessados em ouvi-lo sobre algum assunto de política econômica.

É pouco provável que essa história acontecesse sem o efeito de rede que mencionamos. Valério não tinha nada a ver com a área de aquisições da corretora em que trabalhava; ele negociava commodities, era um grande corretor de café, como vimos. Tampouco tinha ligação com a Gávea Investimentos ou com a Policard, fora o fato de ser amigo do dono no segundo caso.

> O efeito de rede foi fundamental para o sucesso da conexão entre Armínio Fraga e Humberto Carneiro; não fosse o conector Valério, as coisas seriam diferentes

141

> Humberto queria uma sócia com o tamanho e o prestígio da Gávea Investimentos por três razões: capital, reputação e nível de governança

O uberabense funcionou, portanto, como um típico conector, figura já descrita por Malcolm Gladwell no livro *O Ponto da Virada*. Um conector contribui para que surjam novas ideias, novos produtos e novos negócios, não por meio de sua especialização (Valério não operava com aquisições), mas por estar conectado a várias redes sociais e conectá-las entre si.

Foi a rede que funcionou, mas também funcionou Valério. E Humberto agiu para que uma comissão de corretagem fosse paga ao amigo uberabense — a primeira comissão dele na área de aquisições.

TRÊS OBJETIVOS

O principal interesse de Humberto em ter como sócia uma gestora de investimentos com o tamanho e prestígio da Gávea era o dinheiro que havia naquela carteira, é claro; queria financiar o crescimento da Policard. Mas não era só isso. Havia outras duas razões para ele que-

CAPÍTULO 11

rer a sociedade, quase tão importantes quanto o dinheiro. "Eu tinha interesse em trazer governança para a operação e pela reputação que seria agregada ao negócio", explica Humberto. Isso o fez aceitar sem questionar a avaliação da Policard em R$40 milhões (e, portanto, de R$12 milhões por uma fatia de 30% dela), quando, em sua opinião, a empresa já valia muito mais naquela altura, considerada a quantidade de clientes que tinha nacionalmente.

Os R$12 milhões que vieram dos novos investidores foram dirigidos integralmente à Policard; nenhum centavo sequer foi para o bolso dos Carneiro, como Humberto registra.

Quanto à reputação, não há dúvida de que o posicionamento mudou, da noite para o dia. A Policard saiu no jornal *Valor Econômico* de 21 de junho de 2007, numa matéria com o título "Mercado de cartões atrai Armínio Fraga". O repórter entrevistava Humberto e contava que a empresa contabilizava 2 milhões de cartões e 25 mil estabelecimentos credenciados, que havia faturado R$385 milhões em 2006, que esperava chegar a R$500 milhões em 2007 e a R$1 bilhão em três anos. E que queria abrir o capital em bolsa em 2010.

A nova governança foi bem-sucedida, mas o jovem executivo que assumiu fez a Policard perder inúmeras oportunidades de crescimento

E a governança? No resumo que Humberto faz hoje, a estratégia de implantar uma governança que fosse nivelada com a das grandes empresas do setor foi bem-sucedida. Mesmo sem a Policard ter a exigência legal de um conselho de administração, já que era empresa de capital fechado, foi criado um conselho, e com membros independentes, além de instalados todos os mecanismos adequados a uma governança eficaz.

Havia, porém, um problema. Humberto teve de sair do comando do negócio e passar a responder a um executivo com menos de 30 anos de idade. Ele não gostou da ideia. "Eu achava que, com 70% das ações, continuaria mandando, mesmo que sob a supervisão do conselho de administração. Mas não. Fizeram um acordo de governança que me obrigava a passar a gestão, mesmo sendo majoritário, para um executivo profissional contratado pelo fundo", diz o uberlandense, contrariado, mas contabilizando isso na lista de aprendizados.

CADÊ A VELOCIDADE?

Já comentamos sobre como a velocidade é um valor para Humberto. Não só um valor, como um dos pilares do seu estilo de gestão. Por isso, foi muito difícil quando ele começou a perceber que, apesar de contar com mais recursos, a empresa perdia velocidade de crescimento.

A alta gestão não ia atrás das oportunidades. Por exemplo, o McDonald's tinha a Gávea como acionista; se ela passasse a aceitar os cartões Policard, faria grande diferença. Mas não se aproveitou a conexão para tentar credenciar a fast-food. "E toda vez que eu levava uma oportunidade, eles queriam que uma consultoria especializada a analisasse. Além de a consultoria cobrar pelo menos R$300 mil por esse serviço, seu aval demorava demais para vir e a oportunidade passava", recorda Humberto.

O uberlandense diz ter aprendido que executivos de mercado não correm riscos. "Eles sempre se resguardam em alguma consultoria para justificar eventuais insucessos e nunca têm a agressividade necessária com os stakeholders, porque não sabem se aqueles stakeholders serão seus empregadores um dia."

No primeiro ano sob a Gávea Investimentos, a Policard fechou com mais de R$4 milhões de prejuízo. Não seria problema se Armínio não estivesse antevendo a crise financeira mundial (de 2008).

DO INFERNO AO CÉU

Armínio Fraga decidiu vender sua participação na Policard. Para Humberto, a decisão foi tão inesperada quanto desesperadora. Estava em contrato que, se Gávea e Monashees saíssem, o Grupo Inpar deveria sair também, para que o negócio fosse vendido por inteiro. Em pouco tempo, a Gávea conseguia uma oferta de R$82 milhões pela Policard. "Ao menos, ficaremos ricos", consolaram-se os Carneiro.

Só que no meio do caminho havia uma pedra, como diria o poeta mineiro, e o banco que negociava a compra da Policard, indiretamente implicado no escândalo dos empréstimos imobiliários dos EUA, paralisou o processo. Determinado a sair logo, Armínio ofereceu os 30% para Humberto recomprar. "Eu disse a ele que não tinha o dinheiro nem outro interessado para indicar. Então, para minha surpresa, ele propôs que eu recomprasse os 30% pela meta-

CAPÍTULO 11

de do valor que havia desembolsado: R$6 milhões", conta Humberto. Era uma barganha. Dava para tirar esse dinheiro do caixa da empresa, porque, sem amarras, voltaria rápido.

Sua preocupação era quanto à repercussão negativa que a retirada da Gávea por metade do preço poderia ter — ficaria no ar a pergunta "Por que a Gávea saiu tão rápido?" Mas a matemática venceu e Valério teria uma solução para a reputação: o fundo de R$100 milhões lastreado em recebíveis da Policard, que ele lançou em 2011, acabou com qualquer resquício de desconfiança do mercado em relação às razões da saída da Gávea.

A passagem de Armínio pela empresa foi "com emoção", mas acabou mudando sua história.

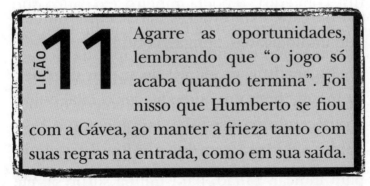

LIÇÃO 11 Agarre as oportunidades, lembrando que "o jogo só acaba quando termina". Foi nisso que Humberto se fiou com a Gávea, ao manter a frieza tanto com suas regras na entrada, como em sua saída.

N. do A.: *Armínio Fraga vendeu a Gávea Investimentos para o banco JP Morgan Chase, o sexto maior do mundo, logo após sua saída da Policard, em 2010. E a recomprou em 2015.*

CAPÍTULO 12

TAL PAI, TAL BÁRBARA

Reaproximar-se da filha mais nova, Bárbara, foi uma importante aposta no futuro para Humberto Carneiro. Ele entendeu o quanto precisava resgatar essa relação, fragilizada desde o fim de seu primeiro casamento, quando, na morte de Carol, sua preocupação com Bárbara não o abandonou nem um minuto. As duas irmãs tinham seis anos de diferença de idade, não eram parentes biológicas, possuíam personalidades bem distintas — Carol era serena; Bárbara, explosiva —, mas sempre tinham sido muito ligadas, amigas, confidentes.

Na madrugada de 19 de março de 2004, na mesma hora em que o acidente fatal estava acontecendo na Espanha, considerado o fuso horário, Bárbara acordou no Brasil passando muito mal. Tão mal que a mãe lhe sugeriu fal-

CAPÍTULO 12

tar no cursinho pré-vestibular naquele dia. Ela não faltou, mas, ao ver a tia Beatriz ir buscá-la antes do final das aulas, com o rosto inchado de tanto chorar, soube que algo muito grave havia acontecido com Carol. "Quando minha tia falou, a sensação foi de um buraco se abrindo no chão."

Carol teve reconhecida influência sobre Humberto, mas Bárbara o moldou tanto quanto, senão mais. A começar pela experiência da sua adoção. Norah queria dar um irmão a Carol. Engravidou, sofreu um aborto e, depois, teve complicações que a impossibilitaram de gerar um segundo filho. Quis adotar, mas Humberto resistiu à ideia por cinco anos. Quando enfim concordou, o casal entrou em acordo com uma mãe no final da gravidez para criar seu filho, mas, ao ver o bebê, a mãe desistiu. Uma semana depois, outra mulher daria à luz e ia querer lhes entregar a filha.

> Humberto resistiu à ideia de adotar uma criança por cinco anos, mas foi ele quem foi buscar Bárbara no hospital. "Era como se ela sempre tivesse sido minha"

AMOR À PRIMEIRA VISTA

Bárbara nasceu no Sul de Minas, a dez horas de distância de Uberlândia e, no dia seguinte ao parto, Humberto e Norah já viajavam para buscá-la. Chegando ao hospital, à noitinha, Humberto desceu do carro sozinho. Retornou com a bebê embrulhada no colo, como se carregasse um tesouro. Ele, que tanto resistira às incertezas da adoção, foi irremediavelmente tomado de amor. Sentia o calor de amar, mesmo naquele clima frio. "Era como se ela sempre tivesse sido minha. Saí dali o mais rápido que pude, antes que a mãe mudasse ideia", recorda o empreendedor. De volta a Uberlândia, tratou de registrá-la como filha bem depressa também, para não correr nenhum risco de perdê-la.

Para alguém tão ligado à família de sangue como Humberto, essa foi a primeira lição de Bárbara: conscientizá-lo de que era possível sentir um amor daquele tamanho por alguém sem seu DNA. Mas era apenas a primeira de muitas lições valiosas.

Por exemplo, era arteira a "filha do coração". Do tipo que testava constantemente os limites do pai. Se Carol sabia evitar os embates diretos com o pai, triangulando com a mãe questões mais delicadas, Bárbara batia de frente. Enfrentou Humberto pela primeira vez com pouco mais de um ano de vida, ao barrar a entrada no elevador do prédio onde moravam. "Ela abriu os bracinhos e disse que dali ninguém passava", conta Norah. Aos 6 anos, vendo que pai e mãe fumavam, tragou um cigarro. Aos 10, enganou o motorista da família pedindo que ele buscasse uma lancheira e assumiu o volante do carro — acabou atropelando o moço, mas sem consequências graves, é claro.

> **Bárbara enfrentava o pai constantemente e se revoltava com o seu jeito rigoroso**

Na adolescência, já em São Paulo (para onde se mudara aos 11 anos com a mãe), Bárbara continuaria rebelde. Um exemplo: viajou para a praia com o namorado e mentiu a respeito. Por isso, foi proibida de ir à festa de formatura do terceiro colegial.

Sua revolta só piorou com o trauma da separação dos pais e as broncas a distância. Quando Norah obrigava as meninas a visitarem Humberto em Uberlândia, a caçula não queria ir. Não gostava das namoradas dele. Foi uma fase de muito conflito.

UM SUSTO IMENSO

Depois de tentar dissuadir a ex-mulher de ir morar em São Paulo, de todas as maneiras, Humberto jogou a toalha. E resolveu acompanhar as três na mudança. Aterrissariam na capital paulista no final de semana e, na segunda-feira, nem bem as malas estavam desfeitas, Bárbara sentiu uma dormência no braço direito enquanto se aprontava para o primeiro dia na escola nova. "Até achei que era desculpa para não ir à aula; não seria a primeira vez", conta Norah. "Mas percebi que havia algo errado quando não conseguiu segurar a xícara no café da manhã."

> Logo que chegou a São Paulo, a filha teve o lado direito do corpo paralisado. Fez anos de tratamentos e cirurgias, mas ficou com uma deficiência

Norah voou para o hospital mais próximo, e esse primeiro atendimento foi assustador. "O médico disse que nossa filha provavelmente tinha sofrido um AVC (acidente vascular cerebral) e que precisava ser transferida com urgência para um hospital mais equipado." Enquanto dirigia em busca de outro pronto-socorro, Norah avisou Humberto, que naquele mo-

CAPÍTULO 12

mento participava de uma reunião de diretoria da Abracaf. Quando mãe e filha chegaram ao segundo hospital, ele já as esperava na porta — e estava acompanhado de todos os diretores da Abracaf. "O médico disse que se demorássemos mais 30 minutos todo o ladó direito do meu corpo teria se paralisado", relembra Bárbara.

A filha não teve um AVC, mas o que ela teve é um mistério até hoje. A hipótese mais provável é a de uma reação infecciosa a uma bactéria. Foram anos de tratamento e intervenções cirúrgicas, uma das quais aconteceu nos Estados Unidos com uma técnica experimental. Os anos de fisioterapia para recuperar parte dos movimentos não foram suficientes para ela, que era destra, voltar a escrever com a mão direita, ou mesmo para segurar uma xícara apenas com uma mão. Ela aprendeu a usar a mão esquerda para tudo e a conviver com a deficiência.

Humberto não a mimou para compensar sua limitação física ou a distância entre os dois. Não a superprotegeu. Nem mesmo a poupou das broncas por conta das perdas sofridas. Como Seu Milton, Humberto acredita na *old school*: disciplinar um filho e não poupá-lo das dificuldades da vida são os maiores presentes

A ARTE DO DESAPEGO

"Mesmo sabendo que o Jean, como genro, tem que provar sua competência em dobro, eu separei as coisas"

que um pai pode dar. Bárbara demorou a entender as razões desses comportamentos, mas hoje agradece. E Humberto, que crê na dificuldade como a melhor professora que há, também é grato pelos aprendizados com a filha. A criança que desafiava, a adolescente que mentia, a filha que rejeitava o pai, o processo de adoção (ela sempre soube que era adotada), a paralisia no braço, a perda da irmã. Até desafio empresarial Bárbara arrumaria para ele. Tudo isso fez o líder em Humberto evoluir.

AMADURECIMENTO

A mágoa pela separação e o fato de sentir que o pai podava sua criatividade afastaram Bárbara de Humberto por muito tempo, mas, a partir da morte de Carol, seu coração de filha começou a amolecer. O casamento com Jean, em 2012, e a maternidade, que veio em 2014, aceleraram a reaproximação; hoje eles se falam com constância.

CAPÍTULO 12

A convivência entre as netas e o avô é prioridade para Bárbara e Humberto. Antonella, que em 2021 tinha 6 anos, se parece com a tia Carol, tanto fisicamente como em temperamento. Catharina, dois anos mais nova, é como a mãe — geniosa, criativa, esbanja energia e põe a casa de pernas para o ar.

Com o tempo, Bárbara ficou menos geniosa; parece ter absorvido uma parcela da seriedade de Carol. Não bate mais de frente com o pai e até se põe no lugar dele algumas vezes. As intervenções de Jean, que trazem outros pontos de vista, são providenciais.

A maturidade também fez Bárbara aceitar que o marido atuasse numa das empresas do pai. "Mesmo sabendo que o Jean, como genro, tem que provar sua competência em dobro, eu separei as coisas."

> **LIÇÃO 12** Sempre faça o que acredita ser melhor para as pessoas, mesmo que isso as afaste de você. E esteja aberto a aprender com elas. A relação de Humberto e Bárbara é assim.

CAPÍTULO 13

O EXPONENCIAL É AQUI

O que Humberto Carneiro, a Gávea Investimentos e a Monashees Capital têm em comum? Os três enxergaram na Policard uma empresa que poderia ter crescimento exponencial, quando muitos, possivelmente a maioria, veriam ali apenas uma empresa que acumulava 11 anos seguidos de prejuízos. Por que os olhares diferem? A explicação é que um fenômeno de crescimento exponencial ainda é, realmente, muito difícil de enxergar. Ele fica escondido um bom tempo — pode ser menos que 11 anos, pode ser mais — e, um dia, de repente, não mais que de repente, explode.

Visualize em sua mente um gráfico: no eixo horizontal está o tempo; no eixo vertical, o faturamento — ou o lucro operacional. Num gráfico que represente uma empresa de crescimento linear, veremos uma reta que vai subindo

CAPÍTULO 13

num ângulo de mais ou menos 45° — à medida que o tempo avança, o valor gerado também avança. Num gráfico de crescimento exponencial, a curva começa como uma reta paralela ao eixo horizontal, bem próxima do zero: o tempo passa, e nada de o dinheiro fluir. Até que, um dia, o dinheiro vem numa quantidade tão grande, mas tão grande, que aquela linha forma um ângulo de quase 90°, e fica praticamente paralela ao eixo vertical. Você consegue imaginar? É por isso que tanta gente falha em ver o potencial de crescimento exponencial de um negócio: os ganhos ficam perto do zero, sem alterações, por um período razoável.

Humberto, Gávea e Monashees conseguiram ver na Policard o potencial exponencial que geralmente passa despercebido

Pense numa montadora de carros que vai dobrando sua meta semanal de produção. Na semana 1, ela produz um carro; na semana 2, dois; na semana 3, quatro; na semana 4, oito; na semana 5, dezesseis. É muito provável que você só se impressione mesmo com a sua produção na semana 16, quando a montadora produzirá,

A ARTE DO DESAPEGO

caso cumpra a meta, 32.768 carros. Muita gente só prestará atenção ao fenômeno da semana 12, com 2.000 e poucos carros, em diante, porque as quantidades anteriores eram irrelevantes em termos de mercado. Esse é o jogo de esconde-esconde que o crescimento exponencial faz conosco. A única pista segura que temos é que não dá para haver crescimento exponencial em negócios onde não há tecnologia. Manualmente, ninguém fica dobrando a meta de produção, ou de ganho, dessa maneira.

Agora preste atenção à definição do então diretor de marketing Luciano Penha para a Policard: "É uma empresa que trabalha com tecnologia associada à prestação de serviços financeiros." Tecnologia tem. Se juntarmos isso com o mercado potencial de 75 milhões de consumidores, sugerido por Humberto, temos uma pista. Por isso, depois da saída dos sócios-investidores Gávea e Monashees em 2008, Humberto imprimiu velocidade máxima ao crescimento da Policard, que, entre outros produtos, já tinha cartões de benefícios (alimentação e refeição), de loja ("private label") e cartão combustível. E cujo principal diferencial era ser tudo: bandeira, emissora, processadora e admi-

158

CAPÍTULO 13

nistradora de cartões, o que lhe dava, segundo Humberto, maior eficiência operacional. No caso da Policard, a meta era dobrar o tamanho a cada três anos.

ACELERAÇÃO

O diagnóstico era o seguinte: a Gávea Investimentos promoveu melhoria de processos e da governança da Policard, mas isso fez os custos dispararem e não aumentou na mesma proporção o volume de negócios. Então, era a hora de rearrumar a casa, mantendo o legado bom, descartando o ruim e voltando a crescer de modo acelerado. Isso se traduziu num período de decisões difíceis para Humberto. Luciano conta que, num único dia, ele chegou a demitir mais de 100 pessoas. Mas, em compensação, a reestruturação rápida gerou resultados rápidos. Já em 2009 a empresa entrava no azul — deu um lucro de R$2 milhões. E melhor: dali por diante, nunca mais fecharia no vermelho.

A pista para o crescimento exponencial estava no fato de a Policard trabalhar com tecnologia associada à prestação de serviços financeiros

A ARTE DO DESAPEGO

O plano era escalar mais rápido fazendo, ao mesmo tempo, expansões orgânicas e aquisições de outras empresas com financiamentos sustentáveis. Como exemplos de expansões podemos citar o lançamento, em 2011, do pagamento eletrônico e de frete com Policard, o que foi homologado pela Agência Nacional de Transportes Terrestres (ANTT), a criação do serviço de Vale-Cultura, homologado pelo Ministério da Cultura em 2013, e a inovação do cartão com chip, em 2015. Entre as aquisições, vale citar a empresa Log2BR, de rastreamento e telemetria, que entrou para o grupo em 2011 e, em 2012, já lançava um rastreador alimentado por energia solar. A regulamentação do setor pelo Banco Central brasileiro deu uma vantagem competitiva à empresa de Humberto, inclusive porque onerou significativamente as operações de gestoras de cartão, com exceção da Policard, que já tinha implementado todas as credenciais solicitadas em função do trabalho de governança feito pela Gávea.

> Para escalar, o plano era fazer, ao mesmo tempo, expansão orgânica e aquisição de outras empresas

CAPÍTULO 13

A sede imponente que a empresa ganhou na Torre Empresarial construída por Humberto, em 2013, prenunciava os números de 2015: 150 mil estabelecimentos comerciais credenciados em 4 mil municípios brasileiros, e um movimento de R$15 bilhões por ano. Tudo isso gerando receita recorrente.

A PRÓXIMA MUDANÇA

O potencial da Policard era visível, a estratégia estava encaminhada, ela estava pronta para se fundir com uma empresa global, como Humberto sempre imaginou. "No mercado de cartões, ou você é grande ou você morre", como diz Luciano.

> **LIÇÃO 13**
>
> Se quer crescer, preste atenção à necessidade de rearrumar a casa, mantendo o bom e eliminando o indesejável. Isso requer decisões difíceis, como as que Humberto tomou na Policard.

CAPÍTULO 14

UN PETIT DÉJEUNER

"Recebi uma ligação de um desconhecido interessado em conhecer a Policard, com mandato de um investidor cujo nome não foi revelado. Seguindo mais um dos muitos aprendizados que tive com Humberto, o de nunca deixar de conversar com ninguém, atendi ao encontro às escuras. Fui nem que fosse só para falar e, principalmente, para ouvir." É mais ou menos assim que Luciano Penha, que então já era o principal executivo da Policard, se lembra do início da fusão com os franceses da UP. Como um *blind date*.

A relação com os franceses começou com um *blind date*

Luciano conta que foi a São Paulo apresentar a Policard, algo que havia feito diver-

CAPÍTULO 14

sas vezes, sobre o perfil da empresa e por que ela podia crescer muito se tivesse capital para fazer aquisições, sobre a tese de investimento que fora abraçada, sobre as oportunidades que havia no mercado brasileiro. Então, fez sua palestra e, no final, foi informado de que o sócio potencial era uma das maiores empresas do mundo no setor de cartões de benefícios e que tinha interesse em se associar à Policard.

Tratava-se do grupo multinacional de origem francesa Chèque Déjeneur (algo como cheque-almoço), que mais tarde mudaria seu nome para Groupe UP, ocasião em que a uberlandense Policard, já como sua principal subsidiária no mundo, foi rebatizada de UP Brasil. Os franceses não cogitavam uma aquisição, e sim uma espécie de fusão. As duas empresas que eles haviam adquirido no Brasil, a Plan Vale e a Vale Mais, também entrariam no pacote.

A TESE DE INVESTIMENTO

Como Humberto adiantara ao jornal *Valor Econômico*, a Policard queria "incluir os excluídos", atuar nos mercados periféricos, com as empresas ali presentes, seus funcionários e o comér-

163

cio que os atendia. "Nossa estratégia era obter credenciados principalmente onde as grandes operadoras de cartão não tinham interesse em estar presentes, em estados como Roraima, no meio da floresta amazônica. Tínhamos localidade em que gastávamos oito dias de barco pra chegar, e precisávamos ficar mais oito dias esperando que o mesmo transporte retornasse", lembra Humberto. Essa era, muito inteligentemente, uma forma de atender também os grandes bancos, como Bradesco ou Itaú-Unibanco, que podiam trocar suas agências nesses locais por credenciados da Policard que funcionassem como correspondentes bancários.

A Policard tornava-se assim um típico negócio ganha-ganha-ganha-ganha, em que vários atores do mercado se beneficiavam — ou um negócio diligente, como Humberto gostava de dizer. O interesse dos bancos vinha do fato de que eles chegavam, por exemplo, a perder mais de R$2,00 por atendimento na boca do caixa de uma agência convencional nessas regiões periféricas do Brasil, só para receber o pagamento de uma conta de energia elétrica. Para alguns bancos, isso chegava a dar um prejuízo mensal de aproximadamente R$27 milhões. Então, a possibilidade de as pessoas pagarem seus boletos de energia em lojas credenciadas pela Policard era tudo com que os bancos sonhavam. Foram abertos mais de mil correspondentes bancários apenas para o Itaú. Para o Bradesco, mais de 5 mil. É fácil imaginar o horizonte desse negócio, em lugares que a internet mal pega, não é? Mas, se quisessem

> O negócio dos correspondentes bancários na rede credenciada em regiões periféricas atraiu os grandes bancos do país

tracionar de fato o negócio, eles precisavam adquirir empresas pequenas e médias ao redor do Brasil.

VOILÀ

Humberto investiu na contratação de duas consultorias especializadas em aquisições de empresas que não fossem de grande porte, e que trabalhariam de modo coordenado. Uma focaria a aquisição de empresas pequenas com recursos próprios; a outra teria por foco a aqui-

A ARTE DO DESAPEGO

sição de médias empresas buscando fontes convencionais de financiamento. O objetivo era a preparação da Policard para buscar novos sócios — e novo capital, portanto — no mercado.

Em paralelo, botariam o pé na estrada, fazendo seu *road show*. "Montamos nossa apresentação mostrando o desempenho da empresa no passado, mas, principalmente, realçando a visão de futuro, baseada nessa tese de investimento. E passamos a fazer eventos para compartilhar o material com diversas fontes de investimento, incluindo o Banco Mundial", conta Luciano, responsável por várias das apresentações.

> Contrataram consultorias para as aquisições, montaram um *road show* e colocaram a Policard no radar dos investidores

Depois de muitos meses fazendo a Policard desfilar pelo mercado, as melhores possibilidades de potenciais investidores haviam recaído sobre duas instituições, o Banco Mundial e a Chèque Déjeuner, futura UP. A segunda opção era mais atraente por se tratar de uma multinacional do segmento, o que teoricamente facilitaria a negociação. Em 2016, o *Valor Econômico* publicou que a empresa estaria avaliada em R$500 milhões.

PARCEIROS 60-40

Como vimos no início deste capítulo, os franceses chegaram sem fazer alarde, contratando um agente desconhecido para contatar os líderes da Policard. A abordagem que propunham, diferente da de outros sócios potenciais, era a seguinte: criariam uma nova grande empresa do setor de cartões de benefícios, a UP Brasil, com sede mantida em Uberlândia, no prédio construído por Humberto. Os irmãos Carneiro — Humberto, Milton Jr. e Beatriz — entrariam no negócio com todas as suas ações e ficariam com 40% do capital. (Destes, 60% eram de Humberto, 30% de Beatriz e 10% de Milton Jr..)

O negócio foi fechado em 2016, em Paris, com o compromisso de Humberto ficar, no mínimo, até o fim de 2019 no comando executivo. Depois disso, se ele quisesse sair, a UP compraria seus 40% das ações. Esse desfecho dos sonhos não surpreendeu Humberto, segundo Luciano. Ele não havia ficado muito preocupado quando os antigos sócios, Gávea e Monashees, foram embora só porque essa visão estratégica estava arquitetada. "Esse é um exemplo perfeito da importância de se ter uma visão estratégica clara e não vacilar diante das dificuldades que aparecem, incluindo os custos de ser uma empresa nacional. Humberto e os irmãos nunca questionaram a necessidade de investir para abrir novos mercados."

A parte pitoresca da história é que, com a fusão, Humberto passou a comandar antigas concorrentes, que tinham sido compradas pelos franceses. Por exemplo, a Vale Mais, do Espírito Santo, tinha sido montada por um ex-representante da Policard, e a separação dos dois não tinha sido nada amigável. Após 30 dias de operação, ele havia unilateralmente cancelado o contrato para mudar de bandeira — e mudar para a principal concorrente da Policard à época. A discussão foi parar na Justiça e ainda tramitava quando os franceses chegaram. Mas Humberto exercitou seu desapego mais uma vez diante da Vale Mais, agora em francês. Ele exercitou *détachement*.

CAPÍTULO 14

A TERCEIRA
MAIOR DO BRASIL

De 2016 a 2019, a UP Brasil subiu uma posição no ranking das maiores empresas do setor de benefícios no País. A gestão de Humberto e Luciano continuou a ser tão agressiva quanto antes, trazendo para a organização R$7 bilhões anuais a mais e o terceiro lugar no mercado. Boa parte do faturamento novo veio — por aquisições ou não — dos correspondentes bancários na rede credenciada da empresa, fruto de sua tese de investimento.

Humberto estava certo: nesse setor, prevalece a empresa grande. Parafraseando uma frase atribuída a Peter Drucker, a empresa grande come a pequena no café da manhã; ou no *petit déjeuner*, como os franceses preferem dizer.

LIÇÃO **14** Arquitete uma visão estratégica e a siga independentemente das intempéries. Foi o que Humberto Carneiro aprendeu de mais importante com o processo de fusão da Policard com a multinacional francesa UP.

CAPÍTULO 15

"O FILHO QUE NÃO TIVE"

Já contamos que Luciano Penha chegou até Humberto Carneiro em 2002, como um jovem empreendedor que queria lançar um cartão-premiação em parceria com a Policard; o produto materializaria um programa de incentivos capaz de contemplar 100% dos funcionários de uma organização e, ao mesmo tempo, desonerar sua folha de pagamentos.

Filho de um importante executivo de Uberlândia — Cícero Penha, ex-vice-presidente do Grupo Algar —, Luciano havia empreendido sua própria empresa de assessoria de recursos humanos, a Ser Humano, para se desvincular da imagem do pai; não queria ser o filho do Cícero para o resto da vida. O rapaz estava se especializando em dar consultoria sobre incentivos e remuneração variável. E, mais do que vislumbrar o novo mercado do cartão-premiação,

CAPÍTULO 15

ele o visualizava com riqueza de detalhes. Funcionaria como uma espécie de plataforma de engajamento. A prospecção inicial seria com empresas do setor médico — clínicas e consultórios. Ajudaria na apuração de resultados de desempenho, principal dificuldade de pessoas tecnicamente orientadas para a prática médica mas que pouco entendiam da gestão do negócio em si.

O curioso é que Humberto só prestaria atenção a Luciano num segundo momento. É que, para apresentar seu projeto Newtalent a Humberto, Luciano convocou um amigo mais velho, Celso, a fim de que conferisse mais credibilidade à operação. Luciano aparentava ter só 18 anos de idade e, na verdade, tinha um pouco mais do que isso apenas.

Humberto gostou tanto da apresentação que propôs uma sociedade na Newtalent assim que ela acabou — seria meio a meio. E a startup nem precisava trabalhar com a Policard; afinal, o produto idealizado por Luciano previa a funcionalidade de saque em caixa eletrônico, um recurso que a Policard não dispunha. Desapegado, Humberto ofereceu sua equipe de tecnologia para os rapazes operacionalizarem o negócio e, ao perceber que Luciano era "o cara", foi trazendo-o cada vez mais para perto. Deu-lhe um espaço físico — supostamente "para a Newtalent" — na diretoria. Passava o dia a interrompê-lo para perguntar o que achava disso e daquilo. Tornou-se seu mentor — "Meu grande mentor no mundo dos

Luciano Penha achou em Humberto seu mentor; Humberto achou em Luciano seu sucessor

negócios", como o jovem o definiu. Humberto intuiu que ele, Luciano, seria seu sucessor um dia. E disse isso a ele.

Em 2019, quando Humberto deixou a UP Brasil, Luciano continuou como o presidente da empresa. Era, reconhecidamente, um dos principais executivos de seu setor, tinha toda a confiança dos sócios franceses. Mas a relação dele com Humberto era análoga à relação de um pai com um filho. E, depois de algum tempo, Humberto o convocaria para uma nova empreitada.

CAPÍTULO 15

IMPULSO EMPREENDEDOR

Em 2002, Luciano Penha foi procurar Humberto Carneiro por sugestão do pai; já tinha batido na porta de outras administradoras de cartões antes, sem sucesso. Começou aquela relação como empreendedor — se acontecesse nos dias atuais, a Newtalent seria uma *corporate venture* da Policard. E isso fez com que, por toda a carreira, fosse visto, e admirado, por Humberto como um empreendedor que migrou para uma função executiva. Esse posicionamento inicial foi respeitado e fez diferença.

No fundo, Luciano se parecia com Humberto. Seu primeiro impulso na vida foi o mesmo do mentor: ganhar o próprio dinheiro. "Desde os 14 anos não tinha coragem de pedir dinheiro para o meu pai. Se minha mãe não tomasse a iniciativa, eu não pedia. Por isso, desde cedo, corri atrás do meu sustento", conta Luciano.

Ele começou gerenciando pedreiros e encanadores nas obras que o pai tocava em paralelo com as atividades executivas no Grupo Algar. Quando o fluxo de construções diminuiu, quis atuar como balconista de uma lanchonete próxima de casa, mas Cícero achou pouco desafiador, e resolveu escalar o menino de 17 anos para ajudar na organização de eventos de recursos humanos em Uberlândia. O trabalho, associado a uma agência de publicidade local, se transformou em uma pequena empresa de organização de eventos que, depois, migrou para a área de terceirização de pessoal, a Ser Humano, que administrava em parceria com a mãe, Mara. Essa empresa cresceu e levou Luciano a fazer um curso técnico em administração de empresas; o curso de graduação, na mesma área, ele faria mais tarde.

Além de dirigir a Ser Humano, o rapaz prestava serviços, como profissional autônomo, a uma cooperativa de trabalho sediada no Rio de Janeiro, que o ajudava a complementar o orçamento. Um dia, foi chamado na matriz dessa cooperativa para renegociar para menos as bases do seu contrato — e o argumento para a renegociação era de que ele era muito jovem para ganhar "aquele tanto de dinheiro". Firme, Luciano se recusou a mudar as bases.

O jovem resolveu estruturar sua própria cooperativa de trabalho. Criou o negócio e passou para um amigo feito na cooperativa carioca, o

CAPÍTULO 15

Celso, que o operacionalizou dando como contrapartida um contrato de prestação de serviço para Luciano e um para a Ser Humano, que a essa altura também organizava cursos de gestão de recursos humanos. Nesses cursos, conheceu a área de incentivo e abraçou-a, especializando-se no tema e dando muitas consultorias sobre ele.

Então, veio a sociedade com Humberto na Newtalent, com outra administradora de cartões como parceira em vez da Policard, e a afinidade entre os dois sócios, profissional e pessoal, foi ficando cada vez mais evidente. Quando Carol sofreu o acidente fatal, Luciano ainda não era um funcionário, mas deu expediente todos os dias na empresa e cobriu Humberto como pôde, ajudando em tudo que fosse necessário. Até apoio ao sócio no exterior, tratando dos trâmites com o consulado brasileiro na Espanha.

> Um trabalho free lancer em eventos de RH, aos 17 anos, virou a primeira empresa de Luciano

O empreendedor virou executivo da Policard oficialmente em 2004, embora mantendo

A ARTE DO DESAPEGO

a Ser Humano, como mantém até hoje. Estava irremediavelmente seduzido por duas coisas: a natureza da operação da Policard e a natureza de Humberto. O fato de a Policard ser uma empresa que trabalhava com tecnologia associada à prestação de serviços financeiros era, para o jovem, um claro sinal de que era um negócio de futuro e do futuro, com imenso potencial de crescimento. E aquela oportunidade de um aprendizado quase imersivo com o fundador jamais seria desperdiçada por alguém ambicioso e talentoso como Luciano — ao menos, não em sã consciência.

Como sabemos, Luciano, ao expandir a rede credenciada, foi determinante para a Gávea Investimentos notar a Policard e levá-la a um novo patamar. Luciano também foi determinante para a virada do desempenho, quando, como vice-presidente em 2009, à frente do planejamento estratégico e orçamentário, fez a organização reverter o resultado negativo anterior e conseguir crescer, em suas palavras, mais que o dobro da média do mercado dali para a frente, todos os anos.

CAPÍTULO 15

DOBRADINHA VITORIOSA

Luciano Penha, como o mentor, não parou de estudar. Fez um MBA em gestão avançada de negócios na Fundação Getúlio Vargas, entre 2006 e 2007. Cursou um pós-MBA em STC em 2014, ministrado pela Kellogg School, dos EUA, com a Fundação Dom Cabral. (STC trata de habilidades, ferramentas e competências, áreas-chave do RH.)

Mais recentemente, Luciano reestruturou a vida. Hoje, a Ser Humano Consultoria é presidida por seu pai, Cícero, que se aposentou do Grupo Algar. E ele saiu da UP Brasil para ser novamente sócio de Humberto, agora na EPC, que é descrita como uma empresa que investe em oportunidades em finanças, imóveis e saúde.

> **LIÇÃO 15** Traga as melhores pessoas para seu time, mesmo que isso exija adaptações. Elas empreendem, buscam mentoria e têm instinto para os negócios de futuro. Luciano Penha faz tudo isso, e Humberto se adaptou para recrutá-lo.

CAPÍTULO 16
MÉTODO HUMBERTO CARNEIRO DE NEGOCIAÇÃO

Conflitos são uma parte importante da trajetória de Humberto. Se olharmos para seu passado, veremos os embates com os italianos da Fiat na Abracaf e nos convenceremos disso. Mas como esta parte do livro olha para o futuro, o mais importante é entender o que os conflitos fazem ao empresário: ele cresce. Isso tem nome: antifragilidade — uma característica bastante valorizada no mercado financeiro. E diz muito sobre o futuro.

A antifragilidade, conceito desenvolvido pelo matemático Nassim Taleb, é mais facilmente compreendida quando comparada à resiliência. Um profissional resiliente sofre cho-

CAPÍTULO 16

ques, estes o deformam momentaneamente e, depois, ele volta ao estado anterior. É o típico "levanta, sacode a poeira e dá a volta por cima", como canta uma velha música. O profissional antifrágil, por sua vez, ao sofrer os mesmos choques, vai além da superação: ele cresce.

Tem sido assim com o protagonista deste livro: os choques que ele vive — os conflitos e as dificuldades — invariavelmente o tornam melhor. Inclusive, no caso do conflito, a antifragilidade até se apoia numa ferramenta: é o "método Humberto Carneiro de negociação", explicado na história a seguir, que o colocou, e a uma grande corporação, em lados opostos. E o antifrágil era Humberto.

SAPATOS ANTIFRÁGEIS

Um conflito que, didaticamente, trouxe à tona o método e a antifragilidade de Humberto é o de sua briga com uma famosa franquia de loja de calçados femininos que a filha Bárbara tinha num shopping center de São Paulo, na década de 2010. Depois de ter investido R$500 mil no negócio, Bárbara percebeu que, por mais que se esforçasse, a promessa da marca não se concretizava; os prejuízos batiam em R$50 mil

Humberto comprou uma ação da franqueadora e foi à assembleia de acionistas

quase todo mês. Ela decidiu desistir e pediu ao pai que a ajudasse na retirada.

Prontamente, Humberto atendeu e tentou vender a franquia para um terceiro. Não teve sucesso. Então, procurou a franqueadora para devolvê-la, a fim de que ela a repassasse a outro interessado. Não teve sucesso. "Me informaram que não apenas não pegariam a loja de volta como também cobrariam uma multa de R$300 mil pela ruptura de contrato. Nem o estoque, que estava em torno de R$200 mil, eles assumiriam", lembra o empresário.

O que Humberto viu foi uma franqueadora deixando a franqueada sem opção de saída — o oposto da diligência que ele tanto preza, e que recebeu de outra franqueadora, a Localiza. O oposto do que ele mesmo ofereceu a Armínio Fraga. "Não acredito em empresa que não recompra o próprio negócio."

Depois de esgotar as possibilidades de negociar com a franqueadora, Humberto passou para o método Humberto Carneiro de negocia-

CAPÍTULO 16

ção de que falamos: apertar onde dói mais para a outra parte.

"Comprei uma ação da holding, que era listada em bolsa, contratei um bom advogado e esperei pacientemente para participar da Assembleia de Acionistas da empresa, como acionista minoritário", conta o uberlandense. Chegou o dia, ele compareceu; na primeira oportunidade, perguntou: "Onde, no balanço, são contabilizados os prejuízos dos franqueados?". Bastou. O desconforto foi total. "Mal terminou a reunião, me chamaram. Iam intermediar a revenda da franquia, iam ficar com o estoque e, como me pediram três meses para resolver tudo, também aceitaram arcar com o prejuízo desse período."

A antifragilidade de Humberto nos permite afirmar: qualquer futuro que ele tenha construído ou ainda vá construir nasce com boa chance de vingar.

> **LIÇÃO 16**
> É preciso saber negociar em conflitos e crescer com eles; são parte da vida e dos negócios. Humberto tem até método para isso.

PARTE III

PRESENTE

(MAS SEM EXCESSO
DE PRESENTE)

CAPÍTULO 17

"FARIA-LIMER" E ESCALANDO

Humberto Carneiro aprendeu com o passado, lançou as bases para o futuro, e, sem deixar passado e futuro mandarem na sua vida — sem correr o risco de ficar deprimido ou ansioso, como afirma, na frase desdobrada ao longo deste livro —, vive o presente. Igualmente sem excessos.

O uberlandense tem duas empresas principais em operação, a EPC – Empreendimentos Pereira Carneiro e a WNT Gestora de Recursos, localizada na icônica avenida Brigadeiro Faria Lima, o "condado" do mercado financeiro paulistano. Hoje, esse mineiro é um *faria-limer* de carteirinha. Ele montou as duas empresas com dois parceiros do coração. Na EPC, a sociedade é com Luciano Penha, já devidamente apresentado, com quem tem uma relação de pai e filho. Na WNT, seu sócio é Valério Marega Jr., que ele

CAPÍTULO 17

conhece desde os tempos da fazenda paraense do Seu Milton no Pará invadida por posseiros (lembra-se?), o uberabense que lhe introduziu Armínio Fraga e com quem mantém uma relação de padrinho e afilhado. Os papéis se alternam; às vezes, o padrinho é Humberto, em outras, o padrinho é Valério. Mais adiante você conhecerá melhor essa figura emblemática na vida de Humberto Carneiro.

O fato é que, trabalhando com base na confiança extrema, como ele gosta, mas que é algo raro de achar, Humberto está conseguindo fazer negócios inovadores nos mercados de imóveis e de gestão de ativos, entre outros, e continua com suas atividades cidadãs na Associação Comercial e Industrial de Uberlândia (Aciub) e na Casa de Amparo Infantil CAROL, que também merecerá um capítulo inteiro mais adiante.

Ele manteve sua antiga sala da presidência da UP Brasil — a Torre Empresarial que até 2020 abrigou a UP é de sua propriedade —, e também a fiel escudeira Norma Abadia Ribeiro, sua secretária-executiva desde os tempos da Monza Veículos, com quem forma uma equipe imbatível.

A vida do uberlandense talvez não continue em velocidade máxima, como era, mas o ponteiro do seu velocímetro ainda vai bem alto. A diferença entre o Humberto de antes e o de depois da UP Brasil é que este reserva mais tempo para desfrutar a vida. O lazer disputa sua agenda, controlada por Norma, em condições de igualdade com a EPC e a WNT, o que nunca havia acontecido antes.

Entre os pontos altos do desfrute, está a relação que o uberlandense estabeleceu com o mar. Com alguma regularidade, e quase sempre em companhia da esposa, Anna Laura, Humberto explora a imensidão azul a bordo do iate que divide com três sócios. É uma embarcação de 70 pés — um comprimento de 20 metros —, com três suítes, quatro salas, tripulação e autonomia para navegar muitos e muitos quilômetros sem reabastecer. Viagens e pintura também são levadas a sério.

WNT: POR QUE NÃO?

Humberto e Valério abriram a gestora de fundos de investimentos WNT Gestora de Recursos em agosto de 2018, instalada em um dos endereços mais cobiçados da Faria Lima, vizi-

CAPÍTULO 17

nha da Google Brasil. Um ano depois, em setembro de 2019, ela já administrava perto de 80 fundos de investimentos num valor de R$2 bilhões, com dinheiro dos sócios e de terceiros, e respondia por 14 dos 50 fundos multimercados mais rentáveis do Brasil no ano. As iniciais WNT remetem a "Why not?", a pergunta "por que não?", em inglês, uma das perguntas favoritas dos especialistas em inovação. Isso dá uma dica da filosofia de gestão que existe ali: a ousadia.

> No primeiro ano de operação, a WNT já emplacou 14 fundos seus entre os 50 fundos multimercados mais rentáveis do ano

Os dois empreendedores têm perfis parecidos em dois pontos: a ousadia e o desapego são traços comuns a ambos. Mas eles também se complementam nas habilidades. "Eu vou passando o trator e Humberto vai ajustando porque é um excelente montador de equipes. Não só sabe colocar as pessoas certas nos lugares certos; ele também descobriu como motivá-las a pensar fora da caixa. Essa é a base da nossa sociedade", conta Valério.

A ARTE DO DESAPEGO

A sociedade da dupla nasceu do que era para ser uma sessão de mentoria de Humberto ao amigo Valério. Este tinha sua corretora havia dez anos, desde janeiro de 2009, a ASK Gestora de Recursos, e vinha sendo pressionado pelo cheque gordo de um grande banco para vendê-la. Quis saber, então, o que Humberto achava da ideia. Qual não foi a surpresa quando Humberto lhe propôs sociedade, sendo que Valério continuaria majoritário. O negócio entre o uberlandense e o uberabense foi fechado em minutos. E tinha mais: cerca de 10% das ações seriam distribuídas para os funcionários. "Aqui não temos empregados. Todos são sócios." Assim, todos se esforçam realmente para fazer o patrimônio crescer. O próprio Valério deu o exemplo, ao recusar ter um salário fixo — sua remuneração é 100% variável; se os fundos se valorizam, ele ganha; se não, fica a ver navios.

Valério estava mais do que acostumado com o complexo e gigantesco mercado financeiro de São Paulo, mas Humberto precisou de uma boa dose de coragem para ingressar ali. Para isso, além de contar com o amigo de confiança e de competência comprovada, ele se apoiou em uma velha filosofia — experimentar as coisas. "Mesmo que não esteja totalmente formatada, dê o primeiro passo. Se estiver confortável, dê o segundo. Se precisar, recue, avalie o motivo do desconforto e avance novamente.

> "Dê o primeiro passo; se estiver confortável, dê o segundo"

O fundamental é ter a humildade para observar o mercado a cada passo que é dado", ensina o empreendedor.

EPC: ESCALABILIDADE E RECEITA RECORRENTE

O leitor certamente conhece o dito popular de que dinheiro gera dinheiro. Certo? Pois essa é uma equação real para Humberto Carneiro. Foi com ela em mente que o uberlandense passou a apostar sistematicamente no gigantesco segmento de imóveis que existe no Brasil, interessado na transação financeira por trás da transação imobiliária.

A EPC já existia faz tempo para administrar os imóveis da família, desde 2014, mas, em 2019, tendo o empreendedor Luciano Penha como sócio, ela ganhou visão e vida novas. A visão foi a de abrir bairros — loteamentos — no-

A ARTE DO DESAPEGO

> Os loteamentos da EPC são uma operação ganha-ganha-ganha, diligente, para todos os envolvidos

vos em dezenas de cidades brasileiras, como a capital, Brasília, mirando públicos de todas as faixas renda, mas com um predomínio de ofertas para uma faixa de renda mais baixa. O negócio requer investir pouco capital próprio. Com sua credibilidade e o lastro dos milhões que conquistou ao longo da vida, ele capta dinheiro de terceiros por meio de fundos imobiliários e paga um juro atrativo a esses investidores. Os recursos captados são usados para urbanizar os loteamentos.

Alguns pontos são cruciais à competitividade, como encurtar o ciclo de vida da operação, o que eles fazem agilizando a comercialização dos terrenos. Para fazer isso, a EPC os vende cerca de 20% abaixo do valor praticado pela concorrência na região. Então, financia o restante em até 200 prestações e as taxas de juros cobradas são mais do que suficientes para remunerar os fundos imobiliários e o gestor da carteira de clientes. O melhor de tudo é que se trata de um negócio de baixo risco para os en-

CAPÍTULO 17

volvidos, pois os terrenos só são transferidos ao comprador após a quitação do financiamento.

A EPC trabalha com o longo prazo; já tem várias áreas planejadas nas quais investir para futuros loteamentos — de propriedade de Humberto e/ou de parcerias que já foram engatilhadas. Um desses loteamentos, voltados a um público de alta renda na própria região de Uberlândia, até aeroporto executivo prevê.

Como fica claro, Humberto e Luciano encontraram uma forma de replicar a mesma combinação de produto escalável com geração de receita recorrente que tinham encontrado no negócio de cartões de benefícios. O que gera crescimento exponencial. Muda o mercado, mas fica o princípio.

LIÇÃO 17 É importante criar relacionamentos e filosofias de negócios que possam ser transferidos de um mercado para outro. Foi o que Humberto fez no caso das suas empresas WNT e EPC.

CAPÍTULO 18

HOMEM EM REDE, REDE ESTENDIDA

Uma das atividades que mais ocupam o presente do uberlandense Humberto Carneiro, mas é pouca percebida, é a manutenção e ampliação contínua de suas redes de relacionamentos.

Como vimos, Humberto é essencialmente um homem em rede, algo que todos os coaches recomendam a executivos do século XXI. Consideramos desde a rede familiar de negócios que ele constituiu com pais e irmãos, até as redes de pares das associações de classe, passando por redes de mentorados – o uberlandense é mentor de muitos —, e de amigos, parceiros, fornecedores, clientes, além da rede instantânea de solidariedade formada por ocasião da morte de Carol. As redes moldaram em Humberto dois de seus maiores diferenciais de gestão: a confiança como base para tudo e a velocidade de decisão e ação.

CAPÍTULO 18

O HUB "NORMA"

Para compreender o que significa ser um homem em rede e estender a rede no caso do empresário uberlandense, é preciso conhecer um hub das redes de Humberto: Norma Abadia Ribeiro, sua secretária-executiva desde os tempos da Monza Veículos. Ela não só conhece o chefe como poucos, como tem acesso a tudo que lhe diz respeito. Revisa contratos, administra contas bancárias pessoais e empresariais, e, sobretudo, serve como filtro às dezenas de pessoas que procuram Humberto em busca de conselhos, ofertas de parceria ou qualquer outro tipo de demanda.

Ela leu estas páginas bem antes de você, inclusive, ainda na fase de rascunho. Antes mesmo que membros da família, Norma é chamada a opinar sobre praticamente tudo na vida do empreendedor.

> A secretária revisa contratos, gerencia contas bancárias e "filtra" as pessoas

Se alguém na sala falar em rede, você logo vai pensar em rede social como LinkedIn ou Instagram, cujos pontos de conexão são pessoas (e às vezes organizações). Pois cada uma

193

das conexões no LinkedIn, os seguidores, é chamada de nó — como o nó que o marinheiro dá na corda. E, quando um nó tem muito mais conexões que os outros, recebe o nome de "hub". Norma se tornou um hub. Trocou a estabilidade de um emprego público para ser hub na Monza, e nunca mais olhou para trás.

MODUS OPERANDI

Norma entende melhor do que ninguém como Humberto funciona: "É agressivo comercialmente, mas, na relação com as pessoas, procura sempre a conciliação." Em nome do trato com as pessoas, é tolerante ao erro, desde que gere aprendizado. "Errou, errou. Bola pra frente. Não fica resgatando os erros do passado quando a pessoa comete uma nova falha. Só não aceita que se repita o mesmo erro", diz.

Norma conta que ele é reservado quanto à vida pessoal, mas, ao mesmo tempo, tem o hábito de convidar colegas de trabalho, independentemente da importância do cargo, para acompanhá-lo no almoço de meio de semana em sua casa. "É um jeito de gerar proximidade e estar sempre bem informado sobre o andamento dos negócios de um jeito mais descon-

CAPÍTULO 18

traído", afirma Norma. Ela mesma almoça frequentemente na casa do chefe. "O Humberto gosta verdadeiramente de ajudar as pessoas, desde que ache que elas merecem", garante. E gosta de reconhecê-las, mesmo sem obrigação de fazê-lo. No caso de Norma, por exemplo, ele troca seu carro a cada quatro anos.

Detalhe: Norma se tornou tão acelerada quanto o chefe. Humberto tem esse efeito em suas redes.

FORTALECENDO CONEXÕES

Humberto não só estende redes com conexões novas, como fortalece as conexões existentes. Prova disso é a rara amizade que mantém com a ex-mulher, Norah, e o marido dela, Andó. Mais até, conectou ativamente Anna Laura, sua esposa, e Norah. Contratou Norah para decorar seu apartamento em Miami sob a supervisão de Anna Laura, o que as fez viajar juntas. É um teste de rede.

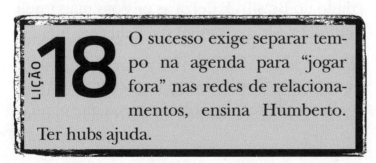

LIÇÃO 18 — O sucesso exige separar tempo na agenda para "jogar fora" nas redes de relacionamentos, ensina Humberto. Ter hubs ajuda.

CAPÍTULO 19

BRASILEIRO NÃO FALA LÍNGUAS?

Se você visitar o LinkedIn de Humberto Carneiro, descobrirá que ele fala cinco idiomas: o português e mais inglês, francês, espanhol e italiano. A língua de Dante se explica — Humberto tem ascendência, e cidadania, — italiana. Mas, e o resto? No Brasil, onde dados apontam que menos de 5% da população é fluente em outra língua, é um feito.

O domínio de um idioma estrangeiro influi muito no sucesso profissional, segundo diversas fontes. Tende a aumentar a renda em até 52% (dado do Brasil). E deixa as pessoas mais inteligentes. O esforço mental para alternar línguas, embora imperceptível, faz aumentar o volume de uma substância branca e cinzenta em várias regiões do cérebro, substância essa que contém

CAPÍTULO 19

a maioria dos nossos neurônios e sinapses. Assim como o exercício físico impacta os músculos, falar outra língua impacta a inteligência.

> **O empreendedor já estava maduro quando embarcou em sua jornada poliglota**

O empreendedor uberlandense já estava maduro quando embarcou em sua jornada poliglota, do mesmo modo que aprendeu a tocar violão só aos 50 anos de idade — o que ele faz com repertório eclético, embora com viés para o sertanejo. Ambas as iniciativas, inclusive, foram respostas a necessidades práticas. No caso do violão, Humberto gostava de cantar — músicas francesas, italianas —, e queria se acompanhar. No caso dos idiomas, teve de se virar para negociar com os italianos da Fiat e os franceses da UP. E o apartamento em Miami o obriga ao inglês e ao espanhol. Mas sua maior inspiração mesmo talvez tenha vindo de Carol.

OCEANIA-AMÉRICA-EUROPA

Nos 80 anos que viveu em 24, a primogênita de Humberto foi uma "cidadã do mundo",

A ARTE DO DESAPEGO

como diz uma antiga propaganda de escola de inglês. Morou no exterior três vezes, em três continentes.

A primeira vez foi na Austrália, entre os 16 e os 17 anos, onde fez um intercâmbio. A experiência de independência a ajudou, inclusive, a encarar a difícil separação dos pais. De volta ao Brasil, tratou a finalização do ensino médio como apenas um período de transição para a próxima experiência internacional, agora de trabalho.

> A estudante de antropologia era fascinada sobre como culturas e línguas explicam o ser humano

A segunda vivência internacional de Carol foi nos Estados Unidos, inicialmente num estágio, depois num emprego, ambos ligados ao turismo. A jovem fez estágio em hotelaria no complexo Disney em Orlando, e o emendou com um emprego, já como profissional contratada, numa estação de esqui em Beaver Creek, no Colorado, onde viveu por dois anos. Fazia visitas frequentes ao Brasil, revezando-se entre as casas de São Paulo e de Uberlândia, mas sua casa mesmo era em Beaver Creek.

CAPÍTULO 19

A terceira incursão de Carol além-fronteiras foi na Europa continental, na Espanha, para fazer seu curso superior. As experiências anteriores haviam servido para ela descobrir o que queria estudar: antropologia, ramo das ciências sociais que busca entender de onde o ser humano vem e como se torna o que é. Ela era fascinada por como a cultura e a linguagem, entre outras coisas, explicam as pessoas. Foi aprovada na universidade de Alicante, referência mundial na especialidade. Humberto a visitava e viajavam juntos por lá. A vida dela foi interrompida, mas ele sabe: a filha adorou tudo o que fez.

UMA INFLUENCIADORA

Humberto preferia ter Carol no Brasil? Sim, com uma vida mais estável. Até nutria a esperança de ela se interessar por assumir seus negócios. Mas o pai não trouxe a filha para seu mundo; Carol é que o levou para o mundo dela, de viagens e idiomas.

> **LIÇÃO 19**
>
> Inspire-se com os bons exemplos. A filha Carol influenciou Humberto a abrir-se para a diversidade que o mundo oferece.

CAPÍTULO 20

O ROCEIRO DE UBERABA

Em volume negociado, ele foi o maior corretor de café do mundo em 2001, o maior de soja em 2002 e o maior de milho em 2003. Chamá-lo de "roceiro" é quase um sacrilégio. Mas é assim que Humberto, em seus momentos descontraídos, refere-se ao sócio na WNT Gestora de Recursos, amigo, padrinho e afilhado, Valério Marega Jr.. Assim, não. Na verdade, ele usa o aumentativo, "roceirão", porque Valério tem um corpo avantajado: 1,92m de altura e 130 kg (chegou a pesar 150 kg). Não é alguém que faça questão de malhar na academia, como faz Humberto.

O "roceirão" nasceu em Uberaba, cidade do Triângulo Mineiro a 100 km de distância de Uberlândia, que é mais conhecida pela tradição agropecuária, e tinha tudo para confir-

CAPÍTULO 20

mar as características comuns aos mineiros do interior: ser um sujeito ponderado, que anda devagar e tem a fala mansa, num tom sempre abaixo daquele dos interlocutores. Mas ele passa longe do estereótipo. Fala alto, circula rápido pelos corredores e salas da empresa, atiça os funcionários com brincadeiras ou alertas. O orgulho de ser caipira da roça, no entanto, ele mantém, até porque é "um caipira que venceu nadando entre tubarões do mercado financeiro nacional".

Nos anos 2010, o roceirão de Uberaba já era um corretor bastante conhecido e até cortejado nas altas rodas de investidores de São Paulo. E se tornou uma das maiores forças a gravitarem ao redor de Humberto, que não esconde a admiração: "O Valério sabe o que faz e sabe como fazer. Junta a visão de futuro para enxergar as apostas certas, com a coragem, a persistência e a objetividade necessárias para executar isso", reconhece o uberlandense.

"VOCÊ NÃO É HOMEM"

Os dois mineiros, praticamente vizinhos, poderiam muito bem ter se conhecido no Pará. Afi-

201

nal, foi por causa da fazenda paraense do pai de Humberto, a Agropecos, que ocorreu o contato inicial entre eles. Valério tinha montado um negócio de corretagem de títulos de TDAs, títulos públicos emitidos pelo governo para pagar desapropriações de terras destinadas à reforma agrária — como a desapropriação de parte da Fazenda Agropecos, do Seu Milton. E um de seus trunfos era ter acesso à papelada no Incra de Brasília: ele recebia cópias dos processos que passavam pela máquina de xerox do Instituto de Colonização e Reforma Agrária, o órgão responsável pelas desapropriações. Um dia, recebeu uma papelada sobre a desapropriação de parte da Fazenda Agropeco, de Seu Milton. A fazenda era no Pará, mas os Carneiro eram de Uberlândia, ali perto, e ele pensou que conseguiria fazer a prospecção pessoalmente.

> Humberto deu a Valério a preferência para negociar os TDAs. "Quem chega primeiro bebe água limpa", disse

Valério achou o telefone da Policard, ligou e foi atendido por Milton Jr., que não deu muita atenção àquela voz de menino, mas se dispôs a recebê-lo no escritório recém-instalado no shopping da cida-

CAPÍTULO 20

de. Quando ele chegou, Humberto já o tinha investigado. "O Humberto disse de cara que tinha se informado sobre os Marega por meio do concessionário Fiat de Uberaba e que as referências a respeito do meu pai eram boas", recorda o corretor. Valério pai tinha uma loja de peças de caminhão onde Valério Jr. trabalhava meio período. "Então, pedi a preferência para comercializar os títulos e, dizendo que 'quem chega primeiro bebe água limpa', ele me deu o direito de preferência na venda dos TDAs."

Humberto, como é da sua natureza, pressionou bastante Valério para reduzir sua comissão de negociação, mas este persistiu — poderia ganhar o equivalente a US$50 mil na transação. Poderia, mas começaram os contratempos. Quando foi transferir para o seu nome a posse dos TDAs dos Carneiro, que era a praxe para negociar os papéis, Valério descobriu que estavam atrelados à corretora Banval, de São Paulo, e não à Caixa Econômica Federal, porque o advogado dos Carneiro tinha se antecipado e encaminhado um acordo com a Banval. Ato contínuo, um dos donos da corretora ligou para Humberto propondo um valor mais baixo de comissão e questionando a idoneidade de

203

Valério como negociador. "Ele disse ao Humberto que eu não tinha autorização do Banco Central para intermediar o negócio."

O uberlandense não quis saber. Explicou que tinha dado a preferência de comercialização ao menino de Uberaba e que não voltaria atrás na palavra empenhada."Em seguida, ele me ligou, repetiu tudo que o concorrente de São Paulo havia dito sem dourar a pílula, me assegurou que manteria a palavra e ainda brincou: 'Não vai sumir com os meus capilés, hein?!'" Humberto não titubeou nem quando deu um problema com a transferência do dinheiro no dia seguinte ao negócio fechado, apesar do estresse.

Depois de tudo certo, aconteceu uma coisa importante para definir os rumos da relação dos dois. Valério foi pessoalmente a Uberlândia agradecer a Humberto pela confiança e pediu o nome do detrator paulista. Eram cinco da tarde e, com o nome em mãos, Valério rumou direto para São Paulo. "Cheguei depois da meia-noite e às oito da manhã já estava na porta da Banval para tirar satisfações cara a cara", conta Valério. Diante do moço de quase 2,00m, o detrator disse que não tinha sido bem daquele jeito e se desculpou. "Falei: 'você não é homem.' Virei as costas e voltei para casa." Humberto soube do acontecido.

DOS TDAs À BMW

Valério Marega Jr. tinha percebido por acaso a enorme oportunidade de ganhar dinheiro no mercado de títulos da dívida agrária. Ele era um estudante de direito, em meados da década de 1990, que trabalhava como balconista no comércio de peças para caminhão do pai.

A situação dos Marega não era das melhores, porque a fazenda não gerava renda e o comércio sofria com a estagnação econômica do início da implantação do Plano Real, e Valério pai precisou vender um lote que tinha na cidade. Recebeu metade do pagamento em TDAs e incumbiu Valério Jr., que nunca tinha ouvido falar daqueles papéis, de transformar aquilo em dinheiro vivo.

Entendendo que no interior de Minas não acharia comprador para aquele tipo de coisa, Valério Jr. partiu para São Paulo. Alojou-se na casa de um tio em Osasco para economizar, e,

A ARTE DO DESAPEGO

por duas semanas, foi bater de porta em porta nos bancos da Avenida Paulista, o centro financeiro de São Paulo. "Eu chegava e pedia para falar com o responsável pelo mercado de renda fixa e, ou não conseguia ser recebido, ou levava um não", reconta Valério. Na quinta-feira da segunda semana, já sem dinheiro e prestes a desistir, na recepção do banco italiano Intesa Sanpaolo, chamou a atenção de um executivo de um banco menor que estava lá esperando por alguém. Valério mostrou os papéis, e a procuração que lhe autorizava a fechar o negócio, e recebeu uma proposta de compra por 20% do valor nominal dos títulos.

Não se sabe se foi o vendedor de peças de caminhão ou o advogado que baixou ali, mas Valério resolveu tentar uma negociação. "Pensei que quem paga 20 paga 40 e fiz uma contraproposta de vender por 50% do valor. Fechamos por 45% e consegui R$10 mil adiantados porque estava sem dinheiro até para voltar para Uberaba."

Para quem estava acostumado a vender peça para caminhoneiro com 90 dias de prazo para pagar no retorno da viagem, a experiência foi de alto impacto, além de gerar continuida-

CAPÍTULO 20

de. "O sujeito que comprou os papéis do meu pai me propôs uma comissão de 10% sobre todos os TDAs que eu conseguisse captar. Voltei para Uberaba e comecei a procurar mais títulos para negociar em São Paulo." Para se ter uma ideia da enormidade que era essa comissão de 10%, em 2019 a comissão para esse tipo de papel não passava de 0,2%.

Um amigo foi estudar em Brasília e fazer estágio no Incra, onde respondia por tirar xerox dos autos de desapropriação. Ele dava as informações para a prospecção

O negócio cresceu rápido. Para a sorte de Valério, um colega de Uberaba que entrou em Direito na Universidade de Brasília (UnB) passou a fazer um estágio no Incra e ficou encarregado justamente de xerocar os autos de desapropriação. "Eu pedia para o meu amigo tirar uma cópia a mais para mim (os autos eram documentos públicos), pagando por isso, e ele me entregava os papeis — muitas caixas de papéis — quinzenalmente, quando visitava a família."

Valério Júnior improvisou um miniescritório no andar de acima da loja de peças do pai e se dividiu — durante o dia, trabalhava como balconista da loja e, a partir das cinco da tarde, cuidava do negócio de corretagem, fazendo as ligações para os proprietários das terras desapropriadas que receberiam esses TDAs e precisariam transformá-los em dinheiro. "Às cinco da tarde, os interurbanos ficavam mais baratos", explica.

Resultado: em 1997, apenas dois anos depois da estadia com o tio em Osasco, Valério comprava o primeiro carro BMW de Uberaba, por US$50 mil. Foi em um desses contatos telefônicos que o caminho de Valério Marega Jr. cruzou com o de Humberto Carneiro.

JOVEM, SOLTEIRO E RICO

Os TDAs o conectaram, mas seus tempos de bonança graças aos TDAs acabaram em 2009, quando o governo do presidente Fernando Henrique Cardoso suspendeu a emissão desses papéis. Depois,eles voltaram a ser negociados, em outros patamares. Valério, que não era afeito a guardar dinheiro, voltou à "penúria", mas por pouco tempo. Uma namorada de Patrocínio, região cafeeira de Minas, percebeu o potencial de crescimento do negócio de commodities no

CAPÍTULO 20

Brasil e lhe deu um toque. Ele, que já tinha desistido do Direito, aproveitou os contatos da época dos TDAs para se especializar em negociar commodities. "Fiz vários cursos em São Paulo e abri finalmente uma corretora de investimentos especializada em commodities agrícolas negociadas na bolsa de futuros." Ele seguia morando em Uberaba, mas atuava em parceria com uma corretora paulistana. Entre seus primeiros clientes da nova corretora de Valério estavam Humberto e os irmãos Milton Jr. e Beatriz, mas não com muito dinheiro; a intenção era principalmente manter o contato — lembra-se da rede? Servia também para Humberto acompanhar a jornada empreendedora do uberabense, um tipo de jornada pela qual tinha profunda admiração.

Entre 2001 e 2003, Valério foi o maior corretor do mundo de café, soja e milho, sequencialmente, ao menos o maior em volume negociado. Mas os valores eram altos também: ele emitia notas de US$200 mil a US$300 mil por mês. "Tirando a parte da parceira de São Paulo

> **Valério estudou e abriu uma corretora especializada em commodities agrícolas**

e as despesas, no final eu fazia uma renda mensal, tiradas todas as despesas, de mais de US$30 mil por mês. Era o auge da riqueza para um jovem solteiro em Uberaba."

SÃO PAULO VIA CHICAGO

Enquanto era um corretor de agronegócios do interior, mesmo sendo o maior deles, Valério era pouco notado. Mas quando ele passou a negociar soja na Bolsa de Chicago, associado a outro parceiro paulista bem importante, todo mundo viu.

Stephan de Sabrit, nome bastante conhecido do mercado de capitais, foi um dos que prestou atenção ao brilho de Valério e, muito rápido, agiu, desafiando-o a colocar preço em sua corretora e ir trabalhar com ele. "Não tinha a menor noção de quanto poderia pedir e chutei um preço que me parecia nas nuvens; ele nem pestanejou. Disse que estava fechado, que pagaria metade à vista e o restante quando eu tirasse a licença para operar nos Estados Unidos. E disse que meu salário como head de commodities seria de R$10 mil reais por mês", conta Valério Jr. Recém-casado na época, teria que se mudar na semana seguinte para São

CAPÍTULO 20

Paulo. "Eu me assustei de aceitarem a proposta tão fácil; vi que tinha feito um mau negócio", comenta. "Mas negócio fechado não tem volta", acrescenta.

O negócio não foi bom mesmo. Quem confirmou essa sensação de Valério foi Humberto, que tinha sido, aliás, seu padrinho de casamento. "O Humberto foi pragmático. Disse que realmente eu tinha feito bobagem, mas que me restava honrar o combinado e fazer daquele limão uma boa limonada."

Em consonância com o conselho de Humberto, Valério pediu para negociar a remuneração: não queria ter salário, mas ganhar metade de tudo que conseguisse negociar pela empresa e, se não negociasse nada, ele não receberia nada, o que Sabrit topou. E lá foi o uberabense ganhar a vida em São Paulo, – de onde não sairia nunca mais. Ao menos, o dinheiro da venda da corretora deu para comprar um apartamento bom na megalópole. Deu e ainda sobrou.

"Eu me assustei de aceitarem a proposta tão fácil; vi que tinha feito um mau negócio", diz Valério. "Mas negócio fechado não tem volta"

Valério passava a semana em São Paulo e, no final de semana, voltava para Uberaba, onde a esposa preferiu continuar morando até ter certeza de que o caipira não sucumbiria aos tubarões.

O EPISÓDIO GÁVEA

Quando falou de fazer limonada do limão, mal sabia Humberto que a corretora Bulltick Capital Markets — onde o amigo foi trabalhar com De Sabrit —, abriria o novo caminho de sua Policard.

Ocorre que a corretora montou uma área especializada em fusões e aquisições (M&A, na sigla em inglês) e, um belo dia, o corretor responsável por M&A, que procurava empresas para comprar, principalmente fora de São Paulo, soube da Policard por Valério, e soube que o nome Policard já havia sido ventilado na Gávea Investimentos, como contamos.

O corretor de M&A estimou um valor total de R$1 bilhão para a empresa de benefícios e abordou o uberlandense. "Humberto ficou impressionado", lembra Valério. E, sem apego, aceitou na hora a ideia de vender e de a Bulltick ter exclusividade para fazer essa venda. Valério tratou, então, de marcar a já relatada reunião na Gávea.

Pouco depois, Valério deixou a Bulltick para abrir sua própria corretora ligada a um banco suíço, a Latour Capital, e foi, a contragosto, afastado das negociações. Isso deixou Humberto contrariado. "Ele ligou para o líder da Bulltick e foi direto: 'sem o Valério, não tem mais mandato pra vocês venderem a empresa'. Dez segundos depois, ligaram me chamando para almoçar." Vale explicar: o envolvimento de Valério significava que uma parte da comissão ficaria com ele.

Humberto é padrinho de casamento de Valério e da sua filha; Valério é padrinho de casamento de Humberto

Mais uma vez, o uberabense foi grato ao padrinho — não só seu padrinho de casamento, como padrinho de uma de suas filhas. Pode-se dizer também que Valério foi grato ao afilhado, já que é o padrinho de casamento de Humberto e Anna Laura. Como fizera no episódio dos TDAs, Humberto entoava, com Valério, seu mantra de que "gestão é a arte de dividir interesses para multiplicar resultados".

RECEBÍVEIS E REPUTAÇÃO

O contato com fusões e aquisições serviu para despertar em Valério a vontade de fazer algo novo, diferente de negociar commodities agrícolas. Vendeu sua parte na Latour e montou mais uma corretora, a ASK Gestora de Recursos. E começou formando um fundo de investimentos lastreado em papéis de contas a receber pelas empresas, os recebíveis. Assim como há fundos de ações de empresas e fundos de títulos de dívida do governo (renda fixa), agrária, imobiliária, há fundos que surgem da operação de antecipação de recebíveis. Logo para o primeiro fundo, Valério já encontrou um sócio português, que ficou com 50% dele.

Então, o uberabense procurou o amigo uberlandense. Humberto vinha trabalhando para acelerar o crescimento da Policard, porque a Gávea Investimentos tinha saído da Policard deixando a casa mais arrumada e com dinheiro em caixa, dando-lhe fôlego para isso. Mas ele ainda se preocupava com os efeitos que a retirada rápida de Armínio Fraga, e por valor abaixo do inicial, poderia ter sobre a reputação da empresa de cartões de benefícios. "Propus a ele criar um fundo de R$10 milhões lastreado nos recebíveis da Policard para testar o mercado. Se fosse bem, mostraria ao mercado que a empresa estava bem", lembra Valério, o que Humberto topou na hora. O fundo rodou maravilhosamente e os dois ousaram mais. Resolveram criar um segundo fundo de recebíveis da Policard num valor de R$100 milhões. Esse requeria investimento, no entanto, e Humberto defendeu, em reunião do conselho da empresa, o investimento equivalente a US$500 mil para contratar o escritório de advocacia que iria estruturá-lo.

"Em dezembro de 2011 lançamos o fundo Policard 2 e captamos os R$100 milhões num só dia. Foi um divisor de águas para a Policard", conta Valério. "Qualquer desconfiança que houvesse em relação ao porquê de o Gávea sair acabou ali." Não à toa, Humberto proporia sociedade a Valério anos depois. O roceiro estava testado e aprovado.

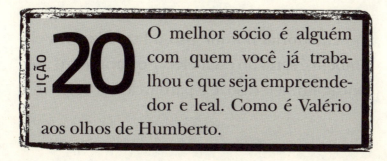

LIÇÃO 20 — O melhor sócio é alguém com quem você já trabalhou e que seja empreendedor e leal. Como é Valério aos olhos de Humberto.

CAPÍTULO 21
SUCESSÃO À *LA BUFFETT*

Warren Buffett escreveu, no livro *Essays of Warren Buffett*, o seguinte: "Quero assegurar que nunca me senti melhor. Adoro dirigir a Berkshire e, se aproveitar a vida promove a longevidade, o recorde de Matusalém está ameaçado." O maior investidor de todos os tempos brincou quando disse que seu *benchmark* de longevidade era o patriarca bíblico, já que este teria vivido 969 anos, mas falou muito sério ao relacionar o fato de dirigir sua empresa com aproveitar a vida, e ao não ter planos de parar. Humberto Carneiro é parecido com Buffett nesse ponto. Ele fala sério quanto a se manter ativo nos negócios, sem cogitar aposentadoria, porque isso o faz feliz. Mas ele também é sério ao estabelecer o parâmetro a alcançar. Em seu caso, é o patriarca dos Carneiro,

CAPÍTULO 21

Seu Milton, que no fechamento deste livro estava perto dos 90 anos e gozava de ótima saúde.

Outra semelhança entre Humberto e Buffett, apelidado de "o oráculo de Omaha" por seus conselhos sábios, está no tema da sucessão: trata-se de uma decisão sempre importante e sempre delicada, mas que já foi equacionada com clareza pelos dois: nenhum deles quer "estragar" a vida de seus descendentes com dinheiro e poder que caiam do céu; ambos preferem investir a maior parte de suas fortunas — de diferentes proporções — em filantropia.

> Humberto não pensa em se aposentar; ele sabe que o trabalho o faz feliz

CABEÇA DE SEU MILTON

O leitor deve se lembrar de como Milton Carneiro foi disciplinador com os filhos. Humberto teve de trabalhar com 12 anos de idade; Beatriz largou os estudos para assumir sua posição na Monza Veículos em tempo integral; foi fazer faculdade bem mais tarde. O próprio Ricardo, se ficou com a Fazenda Soledade em troca de

> **"Eu fui duro com meus filhos", diz Seu Milton. "Queria lhes ensinar a trabalhar. Não me arrependo. Como tinham tudo que precisavam, era fácil se tornarem más pessoas"**

deixar a Monza para Humberto, trabalhou pesado também. "Eu fui duro para ensiná-los a trabalhar, para serem honestos. Não me arrependo. Como tinham tudo que precisavam, era fácil se tornarem más pessoas", disse Seu Milton no depoimento a este livro. "Fui duro mas com muito amor. Tanto que todos os filhos se tornaram meus amigos", completa.

Foi essa visão do pai, principalmente, que influenciou Humberto. Mesmo quando pensou em Carol não ir para a Espanha a fim de assumir os negócios, ela não ganharia nada de mão beijada. "Não deixarei dinheiro para a família. Só o necessário para que meus netos e bisnetos tenham uma base segura de onde partir", afirma. Ele quer destinar sua riqueza material a causas maiores, contribuir para criar um mundo melhor. Humberto está em boa companhia. Warren Buffett planejar deixar menos de

CAPÍTULO 21

10% de seus quase US$80 bilhões para os três filhos; o restante vai para a filantropia. Bill Gates (Microsoft), Mark Zuckerberg (Facebook), Chuck Feney (DutyFree), Michael Bloomberg (Bloomberg) e Pierre Omidyar (eBay) já anunciaram que farão o mesmo. Todos devem concordar com Humberto quanto este diz que "quem deixa exemplo deixa esperança; quem deixa patrimônio deixa conflito". Esse olhar vem do mesmo lugar que o desapego.

ANTONELLA E CATHARINA

As herdeiras de seu exemplo e da base segura de onde partir são as duas netas, filhas de Bárbara. Só de falar delas Humberto já começa a sorrir. E os futuros bisnetos, porque ele pensa no longo prazo. E, entre as ações filantrópicas, a CAROL.

> **LIÇÃO 21** Tão importante quanto gerar capital financeiro é garantir que siga gerando coisas boas, crê Humberto: para a família e a sociedade.

CAPÍTULO 22

NA CASA DA CAROL

O desapego de Humberto Carneiro às coisas materiais é consequência direta da perda, em 2004, da filha Carolina. O que era uma predisposição se tornou um traço identitário, por duas razões. Primeiro, porque "perder um filho muda as perspectivas sobre o que tem valor", como reflete ele. Segundo, porque o pai ficou mais parecido com a filha, que era desapegada por natureza, definida por palavras como solidariedade, compaixão, retribuição.

Assim, Carol continua viva não só na lembrança de quem conviveu com ela — Humberto faz questão de falar frequentemente na jovem. Suas ideias estão no pai e, sobretudo, na Casa de Amparo Infantil aberta em 2007 em Uberlândia, a Casa da CAROL, uma iniciativa da madrasta, Anna Laura, administrada por ela e Humberto.

CAPÍTULO 22

IDEALIZAÇÃO AOS 9 ANOS

A Casa da CAROL recebe crianças entre 2 e 12 anos de idade em situação de abandono à espera de uma nova família. Tem capacidade para 20 crianças. Os recursos que a financiaram inicialmente foram os €80 mil de indenização pagos pela cooperativa de táxi espanhola por conta do acidente fatal. Mas, hoje, os investimentos vêm de Humberto.

Num trecho de uma cartinha que Carol escreveu para Deus em 1989, aos 9 anos, temos a sensação de que ela a empreendeu com bastante antecedência:

*"... eu peço por todas as crianças que vivem sem família, sem casa, sem comida e sem escola.
Cuide delas, Senhor. Outra coisa,
coloque mais amor no coração dos adultos
para ajudar as crianças a serem mais felizes.
Obrigado, Jesus.*

A pegada de Carol continua no mundo, mudando as vidas de inúmeras crianças, ano após ano.

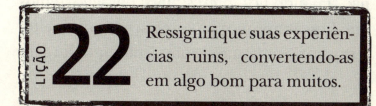

LIÇÃO 22 — Ressignifique suas experiências ruins, convertendo-as em algo bom para muitos.

CAPÍTULO 23

LIBERDADE E ARTE

As primeiras lembranças do Humberto pintor remontam à infância. Era um menino inquieto que rabiscava desenhos num caderno para conseguir suportar os limites da sala de aula. Aos poucos, a mania evidenciou um dom e uma grande paixão para o resto da vida. Sua relação com a pintura transcende os objetivos da arte para se tornar uma vivência terapêutica. Nas palavras do artista, "a arte é um exercício de liberdade e disciplina ao mesmo tempo".

O uberlandense concluiu, faz tempo, que a vida é feita de liberdade e disciplina. Liberdade, porque tudo começa com escolhas, e porque o artista, ao se expor independentemente das críticas, se liberta. Disciplina, porque, como ele diz, "quando nos interessamos por algo, temos que buscar aprimorar, aprendendo a respeito, e superar os inevitáveis obstáculos que surgem entre nós e o objeto do nosso interesse". É desse modo que a arte acaba funcionando também como um laboratório de negócios para o uberlandense.

ARTISTA INCOMPREENDIDO

A primeira tela veio aos 12 anos, inspirada por uma fotografia que ele viu: era uma mulher nua sentada com as pernas cruzadas fumando narguilé, aquele cachimbo de vapor d'água de origem oriental. O menino artista gostou do resultado, a ponto de afixá-la na parede do quarto. Mas a avó materna, Dona Aelza, não gostou. No primeiro descuido do neto, deu um jeito de sumir com a pintura. "Deve ter jogado fora ou ateado fogo. Não aprovava cena de mulher nua", lamenta o artista, mas com humor.

Por volta dos 13 anos, Humberto começou a esculpir o rosto de Jesus Cristo num pedaço de madeira na casa de um amigo. Parou o serviço pela metade e quando foi retomá-lo,

A vida da gente é feita de liberdade e disciplina. E a arte traz isso: liberdade nas escolhas e na exposição

A ARTE DO DESAPEGO

a escultura havia sido concluída pelas mãos do dono da casa. Sentiu-se desrespeitado, por mais que não fosse essa a intenção do coautor.

Ora reproduzia um desenho de Leonardo da Vinci, ora retratava o rosto do irmão Milton Jr. ainda bebê. Expressar-se era uma necessidade e, como tal, precisava ser atendida. E até hoje é assim. "Acho que é uma necessidade de expressar minha criatividade e também de deixar alguma coisa minha. Nas horas vagas as pessoas procuram, por exemplo, assistir a um filme. Eu prefiro produzir alguma coisa. Vou pintar."

Aliás, os rabiscos nas aulas desinteressantes do menino deram lugar aos rabiscos nas reuniões desinteressantes do adulto. Alguns de seus melhores quadros surgiram desses rascunhos de reuniões.

TERAPIA, PAUSA E RECONCILIAÇÃO

Humberto foi 100% autodidata até perto dos 50 anos, quando passou uma temporada em Florença, na Itália, estudando as técnicas de pintura — o sabático de cerca de três meses em 2005, já relatado neste livro. Mas foi só aos

CAPÍTULO 23

60 anos mesmo, em 2019, quando finalizou a venda de sua empresa de cartões de benefícios ao grupo francês UP, que o homem de negócios passou a dar mais espaço ao artista. Com mais tempo livre, ele passou a pintar regularmente. Ele não pensa, no entanto, em fazer do hobby uma profissão, porque "pintor só é valorizado depois de morto". Humberto, sempre muito racional, se diz ciente das dificuldades. "Ainda tem muito preconceito: 'Você é pintor? Uai, não trabalha não?'"

Humberto é ciente das dificuldades do artista profissional. "Ainda tem muito preconceito: 'Você é pintor? Uai, não trabalha não?'"

Sua relação com a pintura atende a objetivos diversos. Além de produzir para deixar alguma coisa, ele se capacita a entender melhor os artistas plásticos que tanto admira, e ainda entra no chamado "estado de flow", quando o foco é absoluto. "Quando estou pintando, minha cabeça não está em nenhum outro lugar. É terapêutico."

O caráter terapêutico da arte explica, por exemplo, por que ele buscou, num curso de

A ARTE DO DESAPEGO

pintura, curar a dor na alma que a morte de Carol lhe causou. O processo não se resolveu naqueles poucos meses, é claro, como revelam seus quadros do período, como o retrato de uma mulher com o rosto marcado por uma tristeza impossível de ser alcançada. Ou a tela das crianças esquálidas, que nos remete aos períodos mais tenebrosos da fome africana. "Nessa época, entendi que os ambientes externo e interno são igualmente determinantes para nos expressarmos", diz o pintor. Mas o homem de negócios pragmático resolveu se distanciar do artista despedaçado, e lhe tirou o pincel por uns cinco anos. "Meus quadros estavam carregados de sofrimento. Como sempre procurei reforçar o positivo, senti que precisava parar com aquilo, em vez de ficar registrando, e cultivando, a dor."

A arte ganhou novo impulso no ateliê da casa nova, integrado com a natureza

A reconciliação com o prazer de pintar aconteceu aos poucos. Ainda bem. A arte não é a fonte de sua autoestima, mas lhe mostra como ele é único, não importa o quanto tentem co-

CAPÍTULO 23

piá-lo — até nos negócios. Isso ganhou novo impulso quando ele e Anna Laura se mudaram para uma casa nova, onde o Humberto pintor tem seu ateliê, um espaço amplo e integrado com a natureza de árvores e pássaros. Isso lhe permite pintar em todos os estilos, como ele gosta.

MENTE FOTOGRÁFICA

Além de autoestima, terapia, liberdade e disciplina, a arte deu a Humberto uma mente fotográfica: ele armazena números e imagens como poucos. Não esquece uma meta, nem um rosto — recurso valioso para os negócios. Porém, a arte pode ter lhe dado algo ainda maior, ao menos segundo Daniel Pink, autor de *O Cérebro do Futuro*: maior acesso ao lado direito do cérebro, que é não linear, intuitivo e holístico. Para Pink, essa será, cada vez mais, a diferença entre quem vai adiante e quem estaciona.

> **LIÇÃO 23** O ideal é manter uma atividade paralela tão importante quanto o trabalho, e bem diferente. Como faz o Humberto artista.

CAPÍTULO 24

RECOMEÇANDO TODOS OS DIAS

Desapegar das coisas implica, necessariamente, fazer recomeços. Quando um livro sobre desapego está chegando ao fim e ele tem um protagonista, o mais natural pode ser fazer uma lista dos recomeços desse personagem. Este capítulo faz isso em seu final: apresenta os principais recomeços de Humberto Carneiro, organizados numa linha do tempo.

Porém, listar todos os recomeços de Humberto é uma missão impossível. E a razão é simples. O empreendedor uberlandense recomeça praticamente todos os dias. Em termos práticos, a cada novo relacionamento de negócios. A cada nova pintura. A cada decisão tomada em conjunto com os sócios, Luciano Penha na EPC e Valério Marega Jr. na WNT. Seus recomeços vêm com o desapego em relação aos erros e aos acertos também, ao que é ganho e ao que é perdido, ao que ele já tem e quer preservar, e ao que não tem e quer ter.

Por isso, dedicamos este capítulo derradeiro a entender um pouco mais sobre essa incrível capacidade de recomeçar — sobre seus porquês e seus comos.

OS PORQUÊS

Foi o sócio Valério quem nos deu o primeiro insight: o gatilho que disparou a mudança foi a morte da filha, em 2004. "O Humberto era um sujeito quase 100% de exatas. Depois de perder a Carol, passou a ser muito mais de humanas", disse Valério. Como sabemos que o uberlandense não deixou de ter uma cabeça racional de exatas, deciframos: o empreendedor é de exatas e de humanas. Ele já tinha uma facilidade para isso por causa das artes plásticas, é verdade, mas a característica foi acentuada. Em outras palavras, Humberto é ambidestro; pensa com o lado esquerdo do cérebro e com o direito também.

> "O Humberto era um sujeito quase 100% de exatas e passou a ser muito mais de humanas", como diz Valério. Ele é ambos; é ambidestro

A ARTE DO DESAPEGO

Outro porquê talvez esteja relacionado com Minas Gerais. O estado é um celeiro do pensamento de gestão no Brasil. É onde fica a Fundação Dom Cabral, uma das 50 melhores escolas de negócios do mundo de acordo com o jornal *Financial Times*. E é o berço de dois dos nossos pensadores mais reconhecidos: Betania Tanure e Vicente Falconi. Eles têm pensamentos distintos, mas compartilham a ambidestria nas ideias.

Betania, que deu aulas no Insead e escreveu o livro *Estratégia e Gestão Empresarial* com Sumantra Ghoshal, criou o conceito de "gestão agridoce", segundo o qual as empresas, para terem sucesso, precisam combinar as necessidades de racionalizar o negócio (a parte azeda) e revitalizá-lo (a parte doce).

Já Falconi, muito conhecido pela aplicação no Brasil do método de gestão PDCA (sigla em inglês de planejar, executar, checar e agir) e frequentemente associado ao sucesso do Grupo 3G, dono da AB Inbev, advoga que as empresas devem combinar o trabalho de longo prazo, por meio

> Minas Gerais tem pensamento de gestão ambidestro; estará no sangue?

CAPÍTULO 24

de um plano estratégico, com o de curto prazo, que é o do plano operacional.

Assim, Humberto intuiu, há muito, práticas ambidestras de como fazer negócios, seja pelo cérebro uniformemente acionado, seja pelo sangue mineiro.

OS COMOS

Embora as revistas de gestão tratem de ambidestria sobretudo como a capacidade de gerenciar para o presente e para o futuro, Humberto é ambidestro em amplo espectro — no tempo, no espaço, no modo de tomar decisões. Eis como o empresário é ambidestro no dia a dia dos negócios:

Ambidestria de modo: o princípio do smartphone. Uma das palavras de ordem dos negócios atuais é agilidade. Todo mundo fala disso. Mas nem todos falam na ambidestria que torna uma empresa ágil. Os consultores Wouter Aghina, Aaron De Smet e Kirsten Weerda falaram, num artigo para a *McKinsey Quarterly* em 2015: empresas ágeis têm elementos estáveis (resilientes, confiáveis e eficientes) e dinâmicos (rápidos, sagazes e adaptáveis). Montam

A ARTE DO DESAPEGO

uma espinha dorsal de estruturas e processos relativamente imutáveis, e agregam unidades que reajam rápido a desafios e oportunidades. Isso pode ser chamado de "princípio do smartphone": a parte estável é o aparelho em si; os elementos dinâmicos são os aplicativos, que vão sendo baixados, trocados, atualizados. Exatamente da maneira como Humberto trata seu portfólio de negócios.

Ambidestria de espaço: interior e capital. Outra ambidestria de Humberto é ter negócios, e propriedades, em lugares distintos. Para a casa de Uberlândia, há um apartamento em Miami. Assim como há a EPC em Uberlândia, existe a WNT em São Paulo, na Avenida Faria Lima. Ele está alinhado com o relatório da consultoria Accenture *Fjord Trends* de 2021, segundo a qual a tendência de as pessoas migrarem das grandes cidades para o interior, observada na pandemia, tende a ser irreversível no mundo todo.

Humberto também se alinha com o Fórum Econômico Mundial quando afirmou, na reunião de Davos em 2020, que os grandes problemas mundiais serão resolvidos por cidades, não países — principalmente metrópoles,

CAPÍTULO 24

como São Paulo, ou Brasília, onde ele a EPC atuam.

Ambidestria de tempo: copiando a girafa. Por fim, Humberto está sintonizado com a ambidestria

A girafa explora a comida que tem no presente e se prepara para o futuro

da girafa, animal africano que, há milhões de anos, tira o que pode do ambiente em que se encontra nas estações chuvosas e explora ambientes desconhecidos nas estações secas para encontrar fontes futuras de alimentos. Assim é a relação do uberlandense com seus negócios, combinando os que dão dinheiro no presente com os que têm mais chance de dar no futuro. A relação do empresário com o Brasil costuma entrar na lógica das oportunidades futuras.

Faz sentido que seja assim, não faz? Em um mundo eminentemente ambíguo como o atual, o equilíbrio possível é o equilíbrio dinâmico, que recomeça todos os dias e se baseia na ambidestria.

Confira, a seguir, a cronologia dos recomeços desapegados de Humberto, movidos a ambidestrias.

233

A ARTE DO DESAPEGO

LIÇÃO 24 Recomeçar todos os dias e ter o equilíbrio como definição de sucesso são duas das principais contribuições que Humberto Carneiro tem a dar. O que lhe possibilita isso, em grande medida, é sua ambidestria, mostrada nesta cronologia.

1959 — Humberto Pereira Carneiro nasce em Uberlândia

1970 — Monta seu negócio nº 1: um carrinho de pipoca. Na sequência vêm trabalhos no armazém Estrela (*foto*) e numa fazenda paraense da família

1976 — A família Carneiro abre o primeiro concessionário Fiat do Brasil, a Monza Veículos, que dá origem ao Grupo Inpar e a vários negócios

1987 — Humberto abre locadoras franqueadas da Localiza em Uberlândia e Uberaba; Beatriz lidera a operação. Boom do Uno Mille (*foto*) faz Monza decolar

1994 — Um concessionário Chevrolet passa a integrar o portfólio

1995 — Com base na software house Polidata, o Grupo Inpar funda a Policard, de cartões de benefício (*foto*)

1998 — Monza Veículos é premiada como o melhor concessionário Fiat do Brasil, pela 2ª vez, mas Humberto a vende e investe mais na Policard

1999 — Com uma visão de futuro ambiciosa, a Policard começa sua expansão nacional

2000 — Humberto vende locadoras a Salim Mattar para financiar o crescimento da Policard

234

CAPÍTULO 24

2002 — Humberto se diploma em administração de empresas aos 42 anos

2004 — A morte da filha Carol afasta Humberto dos negócios pela primeira vez; ele faz um curso de pintura na Itália. As telas são sombrias

2006 — Gávea Investimentos adquire 30% da Policard; Humberto recompra um ano depois

2007 — Humberto se casa pela segunda vez, com Anna Laura, e os dois fundam, um ano depois, a Casa de Amparo Infantil - CAROL. Ele é reconhecido como "Empresário Herói" pela Federação das Indústrias de Minas Gerais (FIEMG)

2013 — Com muitas inovações, a Policard investe na construção da Torre Empresarial que vai abrigar seus escritórios — negócios com imóveis ganham mais tração

2014 — Nasce a primeira neta de Humberto, Antonella, filha de Bárbara, fazendo-o aproximar-se ainda mais da filha caçula. A segunda neta, Catarina, chegaria dois anos depois

2016 — Fusão da Policard com o grupo francês UP dá origem à UP Brasil, comandada por Humberto durante dois anos

2018 — Humberto deixa o papel de executivo na Up Brasil e lança, com Valério Marega, a gestora de fundos WNT em São Paulo; em um ano, reúne mais de R$ 2 bi em ativos

235

CONCLUSÃO

Gestão com desapego e cores mineiras

"É importante aprender a trazer um equilíbrio aos negócios e aos relacionamentos. Quando aprendemos a desapegar, adquirimos esse equilíbrio, e é isso que nos ajuda a tocar a vida para a frente"

Humberto Carneiro

Começamos este livro com um teste e o terminamos com outro. Tique a seguir as afirmações que descrevem sua atividade de negócios:

( ) As oportunidades de negócios são complicadas pela incerteza, mas elas não existiriam se a incerteza não existisse.

( ) As oportunidades que são boas para todo mundo não são boas para ninguém.

( ) Oportunidades são, ao mesmo tempo, subjetivas e objetivas, apresentando-se como perguntas e como problemas. Elas são criadas em teorias e também na prática.

( ) Empreender é algo que sempre equilibra e desequilibra o negócio, porque sempre há sucesso e fracasso acontecendo ao mesmo tempo.

( ) O empreendedor atua com base em planos que nunca atingem 100% de sucesso.

( ) A ação empreendedora poder ser entendida, sim, mas nunca pode ser prevista.

( ) O empreendedorismo pode ser aprendido, mas não pode ser ensinado.

CONCLUSÃO

( ) Cada empreendedor é um ser único. É impossível repetir suas iniciativas e/ou ações específicas.

Esse teste vem de uma lista organizada pelo pesquisador Peter Lewin, e citada na revista *HSM Management,* num artigo de Silvio Meira sobre os "paradoxos do empreendedorismo", as contradições que o tornam tão complexo e tão fascinante.

Pois você acaba de ler a história de um empreendedor, Humberto Pereira Carneiro. Uma pessoa que experimentou sucesso, poder e dinheiro e, ao mesmo tempo, sofreu a maior das rupturas, que é a perda de um filho, e conseguiu continuar sua trajetória e colocar uma de suas empresas no panteão dos negócios globais.

Você também acaba de ler a história de um gestor e líder. Uma pessoa que materializa as ideias de grandes pensadores da gestão, como Peter Drucker, Steve Blank, Ram Charan, citados na introdução. Se Drucker dizia que a administração é uma prática que se enriquece com outros conhecimentos, Humberto traduz. Ele é um homem da prática, mas que sempre busca outros conhecimentos, como a arte e, também, a administração. Se Blank dizia que gerenciar passa por criar clientes (não fazendo tudo para agradar as pessoas e, sim, compreendendo-as), é esse o instinto que os outros reconhecem em Humberto. Na verdade, a criação de clientes é o que define sua "agressividade" empreendedora. Por fim, se Charan orienta os líderes a simularem destruir a própria empresa de tempos em tempos, para se antecipar a rupturas que os concorrentes eventualmente possam lhes impor ou não terão sucesso, perguntamos: o que é o desapego de Humberto senão uma predisposição de "matar" a própria empresa, e/ou passá-la adiante, quando isso se fizer necessário?

Em suma, você acaba de ler a história de um ser humano, que neste livro é identificado ora como empreendedor, ora como empresário, artista, cidadão, uberlandense, pai, filho, marido etc. São papéis que ele ocupa de maneira integrada e equilibrada. Não deixa de ser pai enquanto é empresário e vice-versa. E esse equilíbrio é uma das

> Humberto costuma ser definido como uma mistura de pragmatismo extremo com autoconfiança impressionante

CONCLUSÃO

características que o diferenciam. Disso emergem um perfil de líder e uma filosofia de negócios inspiradores.

UM PERFIL DE LÍDER: EMPREENDEDOR-ARTISTA

Durante a pesquisa feita para este livro, pedimos a muitas pessoas para nos descreverem Humberto Carneiro como líder de empresas em poucas palavras. O que ouvimos nos fez enxergar, em muitos momentos, Jack Welch, o lendário executivo norte-americano. Um bom número de entrevistados referiu-se a ele como "direto", "objetivo", "pragmático" – em linha com o *"candor"* de Welch, a franqueza extrema. "Visionário" apareceu inúmeras vezes — em algumas delas com outros termos, incluindo "ambicioso", "sonhador" e até "intuitivo" —, mas com o mesmo sentido. Isso é típico Welch. "Ousado", "corajoso", "que corre riscos" foram menções bem frequentes também — de novo, remetendo a Welch e seus *"guts"*.

Outras qualificações comuns variaram em torno de ser "incisivo" e gostar de "ter a última palavra". De ser "sistemático" e "organizado". De ser "amigo", "leal", "justo", "confiável", "que ajuda os outros", "como um mentor".

241

A ARTE DO DESAPEGO

Por fim, podemos citar "rápido", com direito à versão "impaciente"; "persistente" ou "resiliente"; "energizado" e "energizador"; e os quase sinônimos "associativo", "hábil na negociação" e "diplomático", algo bem ressaltado por Salim Mattar.

Foi importante fazer essa "nuvem de palavras" em forma de parágrafos porque colocar todas elas juntas nos permite mapear melhor Humberto. Mas adjetivos são como a superfície do mar; eles nos deixam ver só uma pequena parte do que está ali. Quando mergulhamos no fundo oceânico, aí sim encontramos a paisagem mais completa. Este livro foi um mergulho a 300m de profundidade no oceano. E, por isso, vale a pena ser lido e relido, mais de uma vez, por quem estiver em busca de inspiração.

Trazendo uma síntese da "paisagem subaquática" do líder empresarial uberlandense, ele combina suas personas de empreendedor, empresário, artista e homem em rede. O líder empreendedor é o visionário, ousa, tem coragem, corre riscos, cai e levanta, erra e tudo bem, se concentra

O artista tem a sensibilidade para criar coisas diferentes

CONCLUSÃO

num negócio. Ele vê a árvore. O líder empresário diversifica os negócios, sempre olha para uma série de oportunidades ao mesmo tempo. Ele vê a floresta.

O líder artista tem a sensibilidade para criar coisas diferentes; é a arte que lhe ensina diferenciar produtos, serviços, negócios. O artista ainda intui as perguntas que as pessoas (os funcionários, os clientes, os sócios) não fazem em voz alta. Ele vê a floresta, o rio, o céu e o pôr do sol, e também antecipa a chuva. E o líder em rede é ilustrado por sua lealdade e seu impulso associativo. Ele vê todo o ecossistema e cuida de seu equilíbrio.

UMA FILOSOFIA DE NEGÓCIOS: COM DESAPEGO E EM CORES

*Encontrei em Minas
as cores que adorava em criança.
Ensinaram-me que eram feias e caipiras.
Mas depois vinguei-me da opressão,
passando-as para as minhas telas:
o azul puríssimo, rosa violáceo,
amarelo vivo, verde cantante...*

Tarsila do Amaral

A ARTE DO DESAPEGO

O CONCEITO "HEDGEHOG" DESCRITO POR JIM COLLINS NO LIVRO *EMPRESAS FEITAS PARA VENCER*

O que querem lhe pagar para fazer?

O que você ama fazer?

HH

O que você faz melhor que os outros?

COMO É O "HEDGEHOG" NA VIDA DA MAIORIA DOS EMPRESÁRIOS E EXECUTIVOS

Dinheiro

Amor

HH

Talento

O CONCEITO DE "HEDGEHOG" DE HUMBERTO CARNEIRO, COM CORES MINEIRAS

Dinheiro

HH

Amor

Talento

CONCLUSÃO

O que faz a pintora Tarsila do Amaral aqui? A artista, que é a mais valiosa do Brasil desde que seu quadro *A Lua* foi comprado pelo Museu de Arte Moderna de Nova York (MoMA), em 2019, teve uma revelação quando fez sua técnica europeia encontrar as cores alegres e fortes do casario mineiro — as cores brasileiras.

De muitas maneiras, a filosofia de gestão de Humberto também é isso: um encontro de cores brasileiras com algo talvez oriental, que é o desapego. Repassemos seus dez pilares:

1. Sucesso é equilíbrio. O estudioso da gestão Jim Collins propôs, em seu livro *Empresas Feitas para Vencer*, um diagrama de três círculos que se intercalam, que você pode ver na página anterior. Na intersecção, o chamado "sweet spot", está o que um profissional deve fazer para ter sucesso na carreira e levar sua empresa ao êxito. Collins apelidou o conceito de "hedgehog" (HH), em homenagem àquele fofo porco-espinho australiano, do tamanho de uma xícara de café. A percepção, empírica, é de que a maioria dos executivos — no Brasil, pelo menos — distorce esse diagrama colocando o círculo do dinheiro muito maior do que

245

o do amor e o do talento, e a sustentação do sucesso fica, é claro, comprometida.

A definição de sucesso de Humberto se encaixa no diagrama *hedgehog* na versão original, em que os três círculos têm o mesmo tamanho. Ele ainda aproxima os três, aumentando a zona de intersecção entre eles. E inclui, em cada círculo, a vida profissional e a pessoal. Então, dentro do círculo do amor, por exemplo, estão o amor por vender — algo que ele sente desde que vendia pipoca na escola —, lado a lado com o amor pela família e por suas redes sociais. Isso é o que faz com que ele, em suas palavras, "cultive a racionalidade e o desapego sem perder a ternura e a fé".

Eis um modo mais simples de entender os três círculos do diagrama na versão de Humberto:

- o amor de Humberto é pelo trabalho de vender, e por formar redes sociais,
- o talento é o da arte e do empreendedorismo, o que o faz criar, ousar, correr riscos, e
- o dinheiro é o empresariamento, com que ele mapeia oportunidades e diversifica negócios.

CONCLUSÃO

2. Sucesso depende de aprender sempre, e a dificuldade é a melhor professora. Dentre todas as oportunidades, a mais importante de não perder é a oportunidade de aprender, especialmente nos momentos difíceis. Para Humberto, o ser humano é moldado pelo nível de dificuldade que enfrenta na vida. Ele valoriza desde os tempos de criança, quando era obrigado a trabalhar pelo pai e pela mãe, até as tensões à frente da Abracaf nos embates com a Fiat. Ele cita um provérbio oriental que o traduz: "Homens fortes criam tempos fáceis e tempos fáceis geram homens fracos. Homens fracos criam tempos difíceis e tempos difíceis geram homens fortes." O sofrimento como meio de aprendizado é, portanto, um valor para esse empreendedor, o que justifica a rigidez com a qual criou as duas filhas.

3. Não há sucesso se não houver velocidade. Essa é filha da coragem com a competitividade. O empresário impaciente com a lentidão do Brasil diz: "Você tem que ser rápido para implementar uma ideia. Mesmo que ela não esteja totalmente formatada, dê o primeiro passo. Se estiver confortável, dê o segundo e assim sucessivamente. Quando não se sentir confortável, recue um passo."

4. Sucesso vem de diligência. Essa é filha do foco com o cuidado. Na relação com os clientes, sejam estes externos ou internos, parceiros ou investidores, Humberto sempre defende essa abordagem. Segundo ele, não é necessário ser melhor do que um concorrente para ganhar um cliente; basta ser suficientemente bom e mais diligente do que o concorrente. Para ilustrar a ideia de que mais diligência vence a concorrência, Humberto conta a história de um piloto de automobilismo que, quando havia um acidente mais grave numa prova, pisava mais fundo no acelerador, porque sabia que, estatisticamente, os rivais desaceleravam nas voltas seguintes a uma batida. E tomava cuidado.

Vale dizer que, por diligência, Humberto também entende cuidar para que todos ganhem nas diferentes situações de negócios, como nos loteamentos da ECP. É preciso não querer ser mais esperto do que o outro. "Como eu disse uma vez a um sócio que veio se gabar de sua esperteza para fechar negócios: 'Não quero

CONCLUSÃO

que você seja esperto; quero que seja diligente. Sempre atue de uma forma que todos saiam ganhando.'" Lembra-se do mantra de Humberto? "Gestão é dividir interesses para multiplicar resultados."

> **Para ganhar um cliente, basta ser suficientemente bom e mais diligente que o concorrente**

5. Sucesso é resultado de confiança. Essa é filha da lealdade com a transparência. Como o sócio Valério Marega Jr. afirma, Humberto é e sempre foi leal e, por consequência, espera reciprocidade. Isso explica, inclusive, o porquê de ele e sua família trazerem para o profissional relações pessoais e vice-versa. A confiança do amigo precede o negócio e a confiança construída no negócio gera amizade. Confiança exige deixar tudo às claras, mesmo arriscando desagradar o interlocutor, como ocorre frequentemente com Humberto. Se um colaborador se esquiva de uma cobrança, se um sócio vacila diante do obstáculo, se um investidor potencial fica dando voltas sem decidir, ele dispara a frase que é desagradável para alguns: "Diz não, mas não me enrola." Mas, se a pes-

249

A ARTE DO DESAPEGO

soa disser não, está tudo bem. Humberto não guarda rancor, e se orgulha disso. Perdoou pai e mãe pelo modo como se separaram e pelas cobranças que fizeram aos filhos. Perdoou os irmãos pelas discordâncias (e foi perdoado por eles), perdoou os parceiros de negócios que pisaram na bola.

Para perdoar, Humberto recorre ao artifício da "emoção planejada" — uma ideia estranha, mas já comprovada pela ciência. O que Humberto entendeu é que emoções não são incontroláveis, como circuitos programados antes de nascermos. Fisiológicas são as sensações de calma e excitação, de conforto e desconforto. As emoções, como o não rancor, podem ser sugeridas ao cérebro.

6. As métricas de sucesso a priorizar são clientes e concorrentes: as metas são números de escalabilidade e receita recorrente. Num mundo que aumenta constantemente o número de KPIs a monitorar para ter uma gestão movida a dados, Humberto simplificou seus parâmetros para monitorar os negócios: primeiro, as reclamações dos clientes finais e, segundo, a movimentação da concorrência. "O primeiro

CONCLUSÃO

te ensina a trabalhar e o segundo te obriga a evoluir." (KPIs são a sigla em inglês para indicadores-chave de performance.) Quanto às metas, ele sempre busca escalabilidade com geração de receita recorrente, o que nem sempre é possível, mas sempre é desejável.

7. A liderança bem-sucedida combina firmeza e bom humor. Humberto desenvolveu, ao longo dos anos, definições de liderança muito claras. Para ele, um líder deve ter a capacidade de alternar firmeza e bom humor. A atitude firme, explica, deixa claro tanto sua autoridade moral quanto a técnica, ambas qualidades fundamentais para qualquer tipo de liderança. Já o bom humor denota humanidade e sensibilidade, gera proximidade e energia. "No exercício da liderança, não adianta liderar pelo exemplo, com moral ilibada e pelo alto conhecimento técnico, se você for visto como insensível", argumenta o uberlandense. "O líder tem de ser capaz de demostrar um mínimo de compaixão, ou não será um verdadeiro líder." Além disso, liderança combina o "crescer na dificuldade" e o "ter visão de futuro". Ele cita o escritor Paulo Coelho, um dos mais lidos no meio executivo

> **A diversificação é importante para o sucesso equilibrado, e Humberto a pratica**

internacional, para explicar a visão: "O mundo está nas mãos daqueles que têm coragem de sonhar e correr o risco de viver seus sonhos."

8. A sucessão é um sucesso quando o maior legado em questão for a esperança. Todo líder deixa sucessores, e Humberto formou vários deles ao longo de sua trajetória – dos irmãos mais novos, Milton Jr. e Beatriz, a Luciano Penha, seu braço direito na Policard/UP Brasil e, agora, seu sócio na ECP. A filha, Bárbara, e suas netas, Antonella e Catharina, são as sucessoras naturais. Mas ele pensa numa sucessão desapegada: "Não irei deixar muito dinheiro para a família — apenas o necessário para que netos e bisnetos tenham uma base segura de onde partir. Quero deixar exemplo, porque quem deixa exemplo deixa esperança, enquanto quem deixa patrimônio deixa conflito. Se meu propósito é buscar um mundo melhor, minha riqueza material deve se destinar a isso."

CONCLUSÃO

9. A diversificação de apostas nos negócios potencializa o sucesso. Diversificar os negócios em que investe é a máxima do uberlandense; isso o aproxima mais do conceito de sucesso como equilíbrio. Para diversificar, Humberto aplica ambidestria de modo, combinando negócios mais estáveis e mais dinâmicos), ambidestria de tempo (negócios de "passado", tradicionais, e de futuro, mais ousados) e ambidestria de espaço (investe em mais de uma geografia, como em Uberlândia e em São Paulo).

10. O desapego é o segredo mais precioso para quem quer ser bem-sucedido, sobretudo no Brasil. Saber deixar o negócio morrer, ou se separar dele, é importante sempre, como ensina Ram Charan. Mas, como o apego é uma característica muito enraizada no Ocidente, principalmente entre os povos de origem latina, como somos os brasileiros, em nosso país ele se torna um poderoso diferencial competitivo. O líder desapegado dá a sua empresa, de saída, vantagens sobre as concorrentes.

No desapego também mora o segredo do líder energizado e energizador, como é o em-

A ARTE DO DESAPEGO

presário uberlandense. Os povos orientais acreditam, há mais de 2 mil anos, que há um sistema circulatório de energia no corpo humano. (Cientistas da Universidade Nacional de Seul começaram a confirmar o sistema primo vascular em 2002, em ratos e coelhos.) Exercícios físicos, boa alimentação, sono, lazer, luz do sol são algumas das coisas que garantem a geração de energia — coisas que Humberto observa.

Mas há ainda a possibilidade de a energia ser gerada e não fluir, principalmente por conta de bloqueios nos sete chakras, que seriam os centros energéticos dos seres humanos. Sentimentos como medo, culpa, vergonha, luto, mentira, ilusão e, o maior de todos e que influencia os demais, o apego, seriam os grandes bloqueadores. Fala-se até em "apego tóxico". O desapego de Humberto é, portanto, também um provedor de energia.

> O apego diz: quero que você me faça feliz. O amor diz: quero que você seja feliz.

CONCLUSÃO

DESAPEGO:
UMA VIRTUDE SÁBIA

Em todas as 24 lições destacadas nos capítulos deste livro, o perfil único de Humberto e sua filosofia de negócios em dez pilares merecem seu foco. Todas podem te inspirar. Porém, se o leitor precisar resumir tudo a uma palavra, esta é "desapego". Todo líder inspirador que merece esse nome se expõe publicamente, como fez o uberlandense aqui, mas o modo como Humberto o fez, misturando o pessoal e o profissional, é a evidência maior de seu desapego.

Nas várias religiões orientais, o desapego é visto como uma virtude sábia. Considerando que há uma hierarquia ascendente entre informação, conhecimento e sabedoria, a virtude sábia é ainda mais virtuosa, com o perdão da redundância.

Desapego não significa desamor, como alguns podem pensar. Na verdade, o apego é o oposto do amor, como ensina a monja budista Jetsunma Tenzin Palmo. Segundo a venerável mestra: "O apego diz: 'Quero que você me faça feliz'. O amor diz: 'Quero que você seja feliz.'"

Este livro foi um convite para desapegarmos.

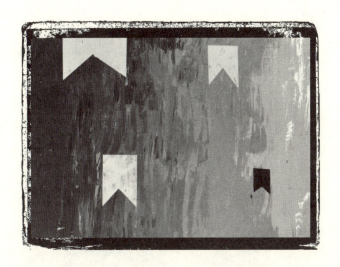

APÊNDICE

Galeria de fotos

Se a trajetória de Humberto Carneiro pode ser contada com palavras, imagens também a narram — e em voz alta. Afinal, como dizia o filósofo Confúcio, que viveu na China nos anos 500 a.C., uma imagem vale por mil palavras.

Humberto em selfie com o amigo e sócio Valério Marega Jr.

Humberto em selfie com Luciano Penha, seu braço direito na Policard/UP Brasil, amigo e sócio

APÊNDICE

Humberto de beca na formatura em administração de empresas, aos 42 anos, para orgulho da mãe, Dona Naime, e do irmão, Milton Jr.

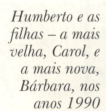

Humberto e as filhas – a mais velha, Carol, e a mais nova, Bárbara, nos anos 1990

A ARTE DO DESAPEGO

Humberto, com seu pai, Seu Milton, e os seis irmãos – incluindo seus dois meios-irmãos

Da esquerda para a direita: Ricardo, Beatriz, Milton Jr., Marcos e Humberto

APÊNDICE

*Humberto Carneiro com os amigos de
Uberlândia Fábio Pergher, Paulo Romes,
Rogério Nery e Eduardo Attiê*

A ARTE DO DESAPEGO

No comando do concessionário Monza, Humberto tornou-se presidente da Associação Brasileira dos Concessionários Fiat (Abracaf)

APÊNDICE

Participar da rede de franqueados Localiza foi uma ótima escola para Humberto, bem como a interação com o empresário Salim Mattar

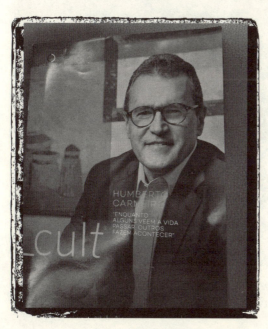

Em 2016, Humberto foi capa da Cult, uma das principais revistas de Uberlândia, quando convertia sua Policard numa multinacional

A ARTE DO DESAPEGO

Pintura, uma das paixões (e das libertações) do artista

*Participar de corridas de resistência
com a esposa é mandatório*

APÊNDICE

Humberto e a esposa, Anna Laura, um recomeço que foi cultivado com flores amarelas

A ARTE DO DESAPEGO

Família estendida: Humberto, Anna Laura, o genro Jean com Antonella no colo, a filha Bárbara com Catharina, a ex-mulher Norah e seu marido, Andó

APÊNDICE

Detalhe de Humberto com a filha Bárbara e as duas netas — Antonella e Catharina

Efeito de rede: a ex-mulher, Norah, e a atual mulher, Anna Laura, tornaram-se amigas

A ARTE DO DESAPEGO

Humberto sempre foi um pai participativo, ainda que tido como "bravo" — esse flagrante com Carol é a prova disso

Um carta de Carol aos 9 anos pedia pelas crianças sem família; após sua morte, Humberto criou o abrigo Carol para atender a esse pedido

APÊNDICE

Este livro também é uma homenagem de Humberto Carneiro à filha Carolina (1980-2004), que tanto ensinou ao pai. Nesta foto, ela aparece ao lado da avó, Neima. Carol continua viva por meio da Casa de Amparo Infantil CAROL, fundada em 2008 em Uberlândia

BIBLIOGRAFIA

BARROS, Manoel. *Livro sobre Nada*. Rio de Janeiro: Alfaguara, 1996.

BLANK, Steve; DORF, Bob. *Startup – Manual do Empreendedor*. Rio de Janeiro: Alta Books, 2014.

CHARAN, Ram; WOODWARD, Ian C.; PADMANA-KHAN, V. Paddy; HASIJAN, Sameer. "Disruptando sua empresa primeiro". MIT Sloan Management Review Brasil, outubro-dezembro de 2020.

COHEN, William. *Peter Drucker – Melhores práticas*. São Paulo: Autêntica Business, 2017.

COLLINS, Jim. *Empresas Feitas para Vencer*. Rio de Janeiro: Alta Books, 2018.

DAMANTE, Nara. "Grupo Algar: Família, família, negócios a parte". *HSM Management* - Brasil - Presença na Gestão que Dá Certo, março de 2011.

DRUCKER, Peter. *Concept of the Corporation* – De Maria Esther Bueno a Gustavo Kuerten. Nova York, Actual: 1983. (Edição revisada)

DWECK, Carol S.. *Mindset – A nova psicologia do sucesso*. Rio de Janeiro: Objetiva, 2017.

GEORGE, Bill. *Liderança Autêntica - Resgate os valores fundamentais e construa organizações duradouras.* São Paulo: Gente, 2009.

GOMES, Adriana S. "Entrevista com Salim Mattar". *HSM Management*, maio de 2006.

GOVINDARAJAN, Vijay. *A Estratégia das Três Caixas - Um modelo para fazer a inovação acontecer.* Rio de Janeiro: Alta Books, 2018.

HOFSTEDE, Geert; HOFSTEDE, Geert Jan. *Culture and Organizations: Software for the Mind.* Nova York: McGraw-Hill Education, 2004.

LAZZARINI, Sérgio. *Capitalismo de Laços – Os donos do Brasil e suas conexões.* São Paulo: Bei, 2018.

MAGALDI, Sandro; SALIBI, José. *Estratégia Adaptativa.* São Paulo: Gente, 2020.

MEIRA, Silvio. "A razão pela qual você nunca vai inovar". *HSM Management*, setembro de 2016.

PINK, Daniel H. *A Whole New Mind - Why right-brainers will rule the future".* Nova York: Riverhead Books, 2006.

WELCH, Jack; WELCH, Suzy. *Paixão por Vencer.* Rio de Janeiro: HarperCollins Brasil, 2020.

SOBRE O AUTOR

Cezar Honório Teixeira é um eterno repórter. Essencialmente. Alguém que vive por boas histórias e as conta há mais de 25 anos. Narrar a cena política foi o impulso original. Adolescente, se imaginava em Brasília como correspondente da editoria de política do antigo *Jornal do Brasil*. Quando se formou em comunicação social, nem a capital federal, nem o diário carioca eram os mesmos.

Mas o cerrado do Brasil Central continuaria como ponto de partida de Cezar Honório. Assinou colunas no extinto jornal *Correio de Uberlândia* por quase duas décadas e transitou por outras mídias como repórter, editor e apresentador de TV.

Foi na função de executivo da Algar Mídia, no entanto, comandando uma redação com cerca de 40 pessoas, que passou a se interessar pela força do empreendedorismo do interior do Brasil. Tanto que, ao finalizar o ciclo no mercado de mídia, passou a buscar o empreendedor dentro de si. Como fundador da www.czgestaodainfluencia.com.br, consultoria especializada em gestão de imagem, investe hoje em projetos focados na trajetória de grandes empreendedores radicados fora dos principais centros empresariais, para apresentá-los ao restante do Brasil e, quem sabe, ao mundo, estudando e resgatando o nosso jeito de fazer negócios.

AGRADECIMENTOS

Só é possível contar uma história por meio das pessoas. Gente que olhamos nos olhos e que têm a gentileza e, principalmente, a confiança de partilhar suas lembranças e sentimentos. Tantos os bons quanto os mais doloridos. Essa história começou com o propósito de destacar o empreendedorismo típico do interior do Brasil. Foi além. Revelou uma trajetória de superação marcada por uma tragédia, a morte da jovem Carol aos 24 anos, filha de Humberto e Norah. Aos dois, meu agradecimento especial pela abertura por reviver momentos tão difíceis.

Uma gratidão estendida a todos os citados ou não nestas linhas. À Norma, fiel escudeira que sempre intermediou os contatos com o principal personagem, ao divertidíssimo Valério, à corajosa Bárbara, à Dona Naime, fantástica matriarca dos Carneiro, ao inacreditável patriarca Milton Carneiro, aos irmãos do nosso

A ARTE DO DESAPEGO

personagem principal — Ricardo, Marcos, Milton Júnior e Beatriz — que souberam reverenciar sem idolatrar o papel empreendedor de Humberto Carneiro.

Projetos corporativos e edições personalizadas dentro da sua estratégia de negócio. Já pensou nisso?

Coordenação de Eventos
Viviane Paiva
viviane@altabooks.com.br

Assistente Comercial
Fillipe Amorim
vendas.corporativas@altabooks.com.br

A Alta Books tem criado experiências incríveis no meio corporativo. Com a crescente implementação da educação corporativa nas empresas, o livro entra como uma importante fonte de conhecimento. Com atendimento personalizado, conseguimos identificar as principais necessidades, e criar uma seleção de livros que podem ser utilizados de diversas maneiras, como por exemplo, para fortalecer relacionamento com suas equipes/ seus clientes. Você já utilizou o livro para alguma ação estratégica na sua empresa?

Entre em contato com com nosso time para entender melhor as possibilidades de personalização e incentivo ao desenvolvimento pessoal e profissional.

PUBLIQUE
SEU LIVRO

Publique seu livro com a Alta Books. Para mais informações envie um e-mail para: autoria@altabooks.com.br

 /altabooks   /alta-books   /altabooks   /altabooks

CONHEÇA OUTROS LIVROS DA **ALTA BOOKS**

Todas as imagens são meramente ilustrativas.

Este livro foi impresso nas oficinas gráficas da Editora Vozes Ltda.,
Rua Frei Luís, 100 – Petrópolis, RJ.